クラス満足度100%の学級経営アイデア

笑顔あふれるクラスへの仕掛け

樋口万太郎 監修　島田 航大 著

明治図書

はじめに
──「先生」は最高の瞬間に出逢える仕事──

　初めて担任をもった時のあの大きなワクワクと不安。とにかく毎日がむしゃらに，子どもたちのことを考えて駆け抜けてきました。本当に大変だったし，うまくいかないことも多くて，忙しい毎日でした。

　　でも，なぜか，生き生きしている自分がいた。

　昨今の教育ニュースは，「教員の長時間労働」「教員不足」「ブラック」などの暗いニュースを目にします。でも，悪いニュースだけじゃない。それ以上に，<u>最高の瞬間に出逢えるのが，「先生」</u>だと思います。

　本書は，次のような先生に読んでもらいたい教科書のような本です。
- **先生を楽しみたい先生**
- **学級経営で何をすればいいか分からない先生**
- **先生の仕事に自信をもちたい先生**
- **もっと新しい発想を知りたい先生**
- **子どもたちのためにいいクラスをつくりたい先生**
- **温かい教室をつくりたい先生**
- **居心地の良い雰囲気の教室をつくりたい先生**

　学校の主役は子どもだけど，「**先生も楽しくやった方が色々うまくいく**」ということをまとめた**実践例豊富の一冊**となっています。私，いいね先生がクラスづくりで取り組んでいたことの一部を紹介していきます！全部完璧にやる必要は全くないです。<u>やってみたいところ，いいね！って思ったところだけでも，取り組んでみてください</u>。先生なりのペースで楽んで読んでほしいです！

――『いいね！』って子どもに伝えたのはいつですか？――

　私は呼吸をするように365日毎日伝えていました。たった3文字の「いいね！」という言葉を，相手の目を見て，その子，クラスの言動に笑顔で伝え続けることで，いい言動が増えていくことを実感しました。また，「**先生だけが『いいね！』って伝えるだけでは限界があるな**」と思ったので，全員が「いいね！」と言い合う環境をつくりました。大人の動機づけではなく，「自分たち」で雰囲気をつくっていくことが大切です。

「人の良いところに目を向ける」

　「人間，嫌なところに目がいきがちだけど，良いところに目を向けた方が幸せになれそうじゃない？」そんな話もよくしていました。
　学校現場には，拍手をし合う場面が多くあると思います。その機会を利用して，みんなで「いいね！」とジェスチャーを混じえて言い合うんです。学活，総合，授業…様々な場面で，この動きをします。すると，自然と明るい雰囲気になっていきました。

この「いいね！」という動きにも実は意味があります。

人間は＋の動作をすると，
　＋のホルモンを放出する

　両手でグッドポーズは，誰がどう見ても＋の動作ですよね。＋の「言葉・動作・表情」が大切です。常日頃から，＋のホルモンを出し合っているからこそ，温かくて明るいクラス，人間になっていくのかなとも思います。なので，あえて，＋の「言葉・動作・表情」をする機会を生み出します。

　「よっしゃー！」というジェスチャーもそうです。試しに「よっしゃー！」という両手を挙げるジェスチャーをしながら，「最悪だ…」って言ってみてください。「よっしゃー！」という動作が勝って，最悪な気分にはなれないと思います。これもおもしろいですよね（笑）

　このようなことから，「いいね！」という3文字の言葉，そして動作の重要性を感じています。**「いいね！」つまり，褒めたり，認めたりする機会が学校に溢れるよう**に，発信を続けていきたいと思っています。

いいね先生

（島田　航大）

目次

はじめに

Chapter 1 | 最高の1年を始めるための準備とは?

① これで安心!新しいクラスの始め方
- P016　**01** 1時間の流れを伝える
- P017　**02** 担任紹介
- P018　**03** 映画予告風　担任の自己紹介ムービー
- P019　**04** 担任の先生クイズ(東大王風)
- P020　**05** 担任の想いを伝える

② 登校1日目に先生が心掛けることは?
- P021　**01** 先生の身だしなみ
- P022　**02** 先生の笑顔(表情)
- P022　**03** 先生の言動

③ 保護者が満足して帰る学級懇談会とは?
- P025　**01** 学級開きと同じことをすればいい!
- P025　**02** 具体的には?

目次　5

Chapter 2 先生の毎日が楽しくなる！いいね先生のクラスでの取組

❶ 積み重ねが〇〇を生む！毎日のホワイトボードメッセージ
- P033　01 「なってほしい姿」を見える化する！
- P034　02 生徒のいいところを個人名を出して褒める！
- P035　03 厳選！いいね先生のホワイトボードメッセージ10選

❷ 信頼を深める連絡帳へのコメントとは？
- P040　01 鉄則！「他の先生には見せない」ことを約束する
- P041　02 とにかく前向きなコメントをする！褒める＆認める
- P042　03 先生の想いや好きなことなどを伝える
- P043　04 くだらない日記でも全然OK！
- P044　05 素敵な日記は匿名or本人の許可を得てクラスで共有する
- P044　06 特別感を出すことも！
- P045　07 子どもたちからのコメント
- P046　08 子どもたちの日記とそれに対するコメント例

❸ これ重要！朝学活と帰り学活のポイント
- P048　01 朝の過ごし方
- P049　02 6時間目終わりから放課後の過ごし方

❹ 毎週更新！子どもの心に響くスケッチブックメッセージ　5選

❺ え？そんなのあり？笑顔溢れる土曜授業の朝学活
- P055　01 朝学活で『お笑い』を観る
- P055　02 「笑う」ことで＋（プラス）のホルモンが分泌される

Chapter 3 | いい雰囲気になる 温かい教室は,こうやって創る！

❶ こんな教室最高？『カフェ』みたいな教室掲示

P060	01 通常スタイル（クラスカラー：青色）
P061	02 レンガのステッカーや観葉植物でおしゃれ感を創出する
P062	03 季節ごとに教室を変えていく
P066	04 教室後方の連絡黒板はこのように活用！
P067	05 教室の横の掲示，どうなっていますか？
P068	06 クラスの子たちの写真を貼りまくる
P068	07 重要なのは，子どもたち自身が創ること
P069	08 教室掲示を手伝ってくれている子どもたちの様子

❷ モチベーションUP！黒板アートを描く意味と描き方

P070	01 Instagramで280万再生された黒板アート
P071	02 黒板アートの描き方
P071	03 いいね先生が描いてきた黒板アートの紹介

❸ クラスの交流を深める学級レクのタイミングと内容

| P072 | 01 学級レクをやるタイミング |
| P073 | 02 学級レクの紹介 |

[4] 席替えってこうやるんだ！基本的な6ステップ

P076	01 班長調査カード
P077	02 班長を選出する
P078	03 全体の前で班長を発表する
P079	04 班長会の実施
P080	05 班長会前に必ず伝えていること3選
P080	06 最後に使う神の一手

[5] 褒めるが溢れる？クラスでの取組　6選

P083	01 ホワイトボードメッセージで伝える
P084	02 日直日誌で伝える
P084	03 「褒める」を逃さないPointとは？
P085	04 なるべく全体の前で褒める
P085	05 帰りに褒める
P086	06 独自の取組「いいね！発見ウィーク！」

[6] クラスがまとまる！生徒の心を掴む思い出ムービー

P088	01 オススメの動画作成アプリ
P089	02 どのタイミングで作成・上映するの？
P091	03 子どもたちからのサプライズムービー

Chapter 4 | 伝わる言葉掛け！効果的な指導とサポート方法とは？

① 不登校の生徒へのサポート方法
- P096　01　一番大切なことは，仲良くなること
- P097　02　こまめに会いに行く
- P097　03　先生自身が「学校が全てではない」という感覚をもつ
- P097　04　保護者の良き理解者となる
- P098　05　学校に来ていない生徒の友達と連携を図る
- P098　06　教室がいつでも受け入れられる環境を整える
- P099　07　不登校を未然に防ぐための方法

② 通りやすい！指示の出し方とは？
- P100　01　指示が通らないクラスはどうなる？
- P101　02　解決策 - その① - 『注目させる言葉掛けをする』
- P101　03　解決策 - その② - 『完全に静かになるまで待つ』
- P101　04　解決策 - その③ - 『仲間をつくる』
- P102　05　「え，じゃあ，待てないクラスはどうなるの？」

③ 学級経営や授業がうまくいくリーダーの育て方
- P103　01　リーダーの育て方
- P104　02　頼りにしていることを伝える
- P104　03　対話の機会を多く設ける

④ 公立高校推薦合格率，93％！？どんな面接対策？
- P105　01　まずはポスターを掲示
- P107　02　どんな形式で行うの？

P107	03	面接練習の進め方
P108	04	合格率驚異の93%（15/16人中）
P108	05	-番外編- いいね先生からのお守り

Chapter 5 ｜ こんな取組あり？特別感を生み出す先生の技　3選

❶ 生徒が司会の三者面談

P111	01	従来の形（なんとなくバランスのとれた報告会）をやめよう！
P113	02	司会原稿
P114	03	三者面談（夏）の例
P114	04	生徒が司会をする利点は？

❷ 学期末はこう進める！大掃除を楽しむ方法　5選

P115	01	掃除場所をルーレットで決める
P116	02	新しい雑巾を一番汚した人選手権
P116	03	メラミンスポンジを準備
P117	04	テンションの上がる音楽を全開でかける
P117	05	「よーい，どん！」で始まる雑巾レース
P118	06	掃除のプロ！ダスキンの紹介

❸ 中3担任が本気で取り組んだ卒業式の裏側　6選

P119	01	黒板アート
P120	02	一人ひとりに手書きの手紙
P120	03	動画作成
P121	04	全員分の写真立て

P121	**05** 最後の学級通信
P123	**06** １年間書き続けたスケッチブック
P123	**07** 卒業式の日の流れ
P124	**08** 最後の授業（卒業式後の教室）

| Chapter **6** | これが意外と大事！
授業以外の時間の過ごし方は？ |

P129	**❶** 空き時間の使い方
P133	**❷** 給食の時間の使い方
P133	**❸** 昼休みの時間の使い方
P134	**❹** 掃除の時間の使い方
P135	**❺** 放課後の時間の使い方

| Column | ちょっとためになる！？
いいね先生の実話小話集 |

P138	**❶** 通勤時間の使い方
P139	**❷** オススメする手帳の使い方
P140	**❸** 誰よりもデカい声であいさつする
P141	**❹** 学級通信を書くのが好き！
P143	**❺** 行事の取組（合唱コンクール編）
P145	**❻** 教員生活で大変だったこと
P146	**❼** 教員生活で嬉しかったこと

目次　11

Appendix | 限定特典　あると役立つ！
便利データ集

【特典プレゼント】　QRコード読み取りでもらえる！

P148　　❶『学級開きPowerPoint』
P148　　❷『生徒が司会の三者面談司会原稿』
P149　　❸『厳選！ホワイトボードメッセージ集』
P149　　❹『自己紹介動画の作り方』
P149　　❺『班長調査用紙』
P150　　❻『保護者会アンケート』
P150　　❼『自己紹介カード』

おわりに

Chapter **1時間目**

―― 最高の1年を
始めるための準備とは？

Chapter 1　最高の1年を始めるための準備とは？

❶ これで安心！新しいクラスの始め方
- **01.** １時間の流れを伝える
- **02.** 担任紹介
- **03.** 映画予告風　担任の自己紹介ムービー
- **04.** 担任の先生クイズ（東大王風）
- **05.** 担任の想いを伝える

❷ 登校１日目に先生が心掛けることは？
- **01.** 先生の身だしなみ
- **02.** 先生の笑顔（表情）
- **03.** 先生の言動

❸ 保護者が満足して帰る学級懇談会とは？
- **01.** 学級開きと同じことをすればいい！
- **02.** 具体的には？

Section 1 これで安心！新しいクラスの始め方

いいクラスにするためには，『学級開き』が大きなカギ！

🏫 学級開きってどうやるの？

おそらくどの学校も学級開きの時間が1時間設けられていると思います。特に担任が初めての先生は不安ですよね…。私も担任1年目の時は，分からなすぎて，色んな先生に聞きまくりました（笑）**『1』から創るのは大変なので，最初は真似がいいです。色んな先生のいいところだけをとって，自分色にアレンジしていく。そんなイメージがいい**と思います。

私が実際に行った「学級開き」を紹介していきますね！

---

01. 1時間の流れを伝える
02. 担任紹介
03. 映画予告風　担任の自己紹介ムービー
04. 担任の先生クイズ
05. 担任の想いを伝える

Chapter 1　最高の1年を始めるための準備とは？　15

01　1時間の流れを伝える

　PowerPointを使って，進めていきます。どの授業でもそうですが，初めにこの1時間の見通しをもたせます。ただでさえ，この時期は緊張している生徒が多いと思います。そういう生徒たちのためにも，**「この時間は何をするのか」**が分かるように心の準備をさせておきましょう。これだけで，一気に不安は軽減します。

16

02 担任紹介

　担任2年目以降であれば，これが使えます。元担任していた生徒を指名して，担任紹介をしてもらいました。他己紹介というものですね！これは意外と盛り上がります。**『愛をもって』というのがポイント**です（笑）

> 元2-A組の人にお題です。
> **愛をもって島田先生を紹介してください（笑）**

> では、まず・・・。
> ○○さん！！

03　映画予告風　担任の自己紹介ムービー

　1分程度の自己紹介ムービーを作成し，生徒たちに見せました。これは掴みとしては，完璧です。**「この先生，おもしろそう！」**そういう感覚にできるムービーになっているので，全先生にやってもらいたいレベルです。「そんなの作れないし，時間ない…」と思った先生！いいえ，1時間あれば誰でも作れます（iPhone・iPad がある人限定）。作り方が知りたい方は，いいね先生の Instagram まで DM いただければ，作り方のまとめ動画をお送りします。これは本当におススメなので，この機会にチャレンジしてほしい！しかも，1回作ってしまえば，毎年使えるのがいいところです。映像で観てもらいたい！

■自己紹介ムービーを初めて見たときの生徒の感想

- なんかよく分からないけど，おもしろそうだなと感じた。
- おもしろくて，先生について分かりやすかった。
- 小さいときの先生の写真があって，見てておもしろかった。
- 好きなものとか親近感が沸いて嬉しかった。
- 先生の好きなことや嫌いなもの，身近なものが多くて話せるきっかけになるものがたくさんあってよかった。
- 細かいところまでこだわる先生だなって思った。
- めちゃくちゃ気合入ってるおもしろい先生だと思った。
- たいしたことないのにすごく大袈裟でおもしろかった。

04　担任の先生クイズ（東大王風）

　私，「航大」という名前なので，東大王に寄せて『航大王』を実施しました。班ごとの対抗戦にして，**班員とコミュニケーションを深めていくというねらい**もあります。学級開きの1つのポイントとして，**「安心感をもたせる」「居心地を良くする」**ということがあります。そのためにはクラスメイトの存在は不可欠です。このように楽しみながら，担任の先生のことを知っていく『担任の先生クイズ』はとってもおすすめです！

　お互いの信頼関係を築いていくために，まずは自己開示。生徒たちは，先生の子ども時代のこと等，とても興味があります。それは何一つ隠さず，オープンにしていきます。**相手を知るためには，まずは自分を知ってもらうことからかなと思います**。

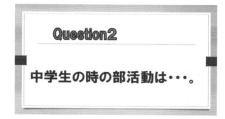

■子どもたちからの声

・先生のことがよく分かったし，班員ともコミュニケーションがとれた。
・とても盛り上がって楽しい時間だった。
・先生の子どもの時を知れるってなんか新鮮でおもしろかった。

05　担任の想いを伝える

『航大王』のあとは生徒たちの自己紹介タイムです。このような明るいグループ活動を通して，クラスは温かい雰囲気になっていきます。しかし，これだけではダメ。担任が『どんなクラスを一緒に創っていきたいのか』『どんな人間になってほしいのか』を熱く冷静に伝えることが大切です。

そこで，いいね先生がどんなことを伝えていたのかを紹介します。基本私の教育は，「笑顔・思いやり・ワクワク」が軸となっています。「笑顔の力」を伝える時に，笑顔が伝染していくコカ・コーラのCM動画を見せます。笑顔は笑顔を生む。みんなが笑顔になるためには，どんな行動をしていけばいいのかを考える学級にしていきます。

また，「人は一人では生きていけない」という話もします。アンパンマンを例に出すこともあります。アンパンマンだってジャムおじさんがいないと，新しい顔をもらえないですよね。困っている人がいたら，ジャムおじさんみたいに手を差し伸べる思いやりの溢れるクラスにしていきたいという話に繋げていきます。

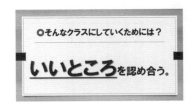

Section 2 登校1日目に先生が心掛けることは？

「この先生いいかも！」と思わせる！第一印象をよくする3つの方法

■4月って私も毎年不安です。もちろんワクワクもありますが…。「うまくやっていけるかな」「こんなクラスにしていきたいな」このようにドキドキとワクワクが交錯しますよね。**全教員がそうだと思うので，全然心配しなくていい**です！

ただし，**登校初日に，「生徒が先生のどんなところを見ているか」を知っているだけでも，振る舞いが変わってきます。**この第一印象（ファーストインプレッション）が大事です。以下の01〜03の3つのことをチェックしてから，4月を迎えましょう！

01 先生の身だしなみ

Check しておこう！
- □ 服装
- □ 髪型
- □ 匂い
- □ 爪

第一印象（ファーストインプレッション）はとっても大切。清潔感がないとどうしても不快に思ってしまうものです。**生徒が初めて目にするのが身だしなみ。**だらしない服装，ボサッとした髪型をしているだけで，「この人大丈夫かな」と心配になります。匂いに敏感な生徒もいるので，注意が必要です。爪が長すぎ，汚れていると不潔なイメージがついてしまいます。こういった細かいところに気を配れるかどうかが，大事なのかもしれません。

Chapter 1 最高の1年を始めるための準備とは？　21

02　先生の笑顔（表情）

- 先生の温かさが伝わる
- 生徒が安心する

　生徒の１日目の日記にこんなことが書いてありました。「**先生が笑顔だったので，一気に安心しました！**」それくらい『笑顔』が大事。**先生たちも不安だけど，生徒はもっと不安です**。「どんなクラスになるかな」「友達できるかな」って不安な時に，**生徒を安心させられるのは，先生の笑顔です**。

03　先生の言動

- 発信するメッセージ
- 醸し出す雰囲気

　先生の発信するメッセージや雰囲気が，子どもたちがどう過ごしていくのかを左右します。では，どんな言動をしていけば良いのでしょうか。

　答えはこれだけ。『**前向きな言葉・動作・表情**』を増やす。伝え方は何でもいいけど，たくさん伝えてあげることが大切です。本書にも登場するホワイトボードメッセージ，黒板アート，学級通信，スケッチブック，日々の生活等で，言葉にして伝えてあげる。プラスのシャワーを浴びせてあげれば，前向きな明るい生徒が増えていき，クラスが温かくなっていきます。反対に先生の言葉遣いや態度がマイナスだと，自然とマイナスな雰囲気を出すクラスになっていきます。**先生自身の言葉・動作・表情を見直す**のも大事です。

　私は，『**人間として憧れられるカッコいい身近な大人でいたい**』という感覚を大事にして子どもたちと接していました。生徒に近い大人は，保護者と先生です。**身近な大人がワクワクして，笑顔で，楽しそうだったら，子どもたちも未来にワクワクできそう**ですよね！

＋αこれも大事！！！

『教室の環境整備』

　登校初日までに，子どもたちを出迎える教室をきれいにしておきましょう！『割れ窓理論』という言葉があるように，**きれいな環境だときれいに使いたくなる。逆に汚いと，「どうでもいい」という感覚が生まれ，クラスが荒れ始めます。**このような細かいところに気を配れるかが，最高のクラスをつくっていく一つのカギです。

■登校初日の様子

■登校初日の環境整備の準備

Section 3 保護者が満足して帰る学級懇談会とは？

 保護者の出席率，驚異の80％（30/37人）！ズバリこんな学級懇談会です！

学級懇談会をやる意味って？

出席率が高ければいいというものではないですが，保護者と関係を築くために直接担任を知ってもらう機会は，とても重要です。**保護者と先生がチームになれれば，うまくいくことが多いです。**ありがたいことに，私は毎年，保護者とすごくいい関係を築くことができました（勝手にそう思ってます。ですよね？保護者の皆様…！？笑）。

バタバタのこの時期に保護者会があって，その後学級懇談会があるかと思います。初めての先生は特に，『何をしたらいいんだ…！』と悩みますよね。そんな先生方，そして保護者にもっと来てほしいという先生方に，**「学級懇談会こうやればいいんだ！」**を紹介していきます。

01 学級開きと同じことをすればいい！

難しいことは考えなくて大丈夫です。**『学級開きでこんなことをやりました』を伝えます。**こうすることで，準備はほとんど必要なしです。

保護者は，「学校でどんなことをやっているのかな」「普段の子どもの様子が知りたい」「担任どんな人かな」が知りたいのかなと思います。

02 具体的には？

(1) 映画の予告風　自己紹介ムービーを上映

学級開きで子どもたちに見せた動画をそのまま上映します。これでだいたい「お～！」となります（笑）保護者の掴みもバッチリ！

Chapter 1　最高の1年を始めるための準備とは？　25

(2) 担任の先生クイズ × 担任のクラスへの想いを伝える。

　動画を見せた後は，子どもたちに授業したのと同じように『航大王（担任の先生クイズ）』を実施します。子どもと同じ内容をやるので，家庭での話のネタにもなります。クイズの後は，担任の想いを伝えます。『どんなクラスにしていきたいのか』『どんな大人になってほしいのか』を学級開きと同様に伝えていきます。

(3) この日までのクラスの様子を伝える。

　私はいつも，この日までのクラスの様子をまとめた動画を見せています。これがとっても好評です。「これを毎回見にきている」という保護者の方もいました（笑）ゴープロのアプリで簡単にいい感じに仕上げてくれます。「そんなの大変だよ！」という先生は，クラスのいいところとクラスの様子が分かる写真をPowerPointに貼り付けて紹介するだけでも効果的だと思います。

(4) 保護者から一言 ＆ アンケート

　話したい方，あまり話すのが得意でない方がいると思うので，話すことは下図の①②くらいに絞るといいと思います。

　アンケートがあると，その後の生徒指導や生徒理解への大きなヒントになるので，おすすめです。「子どものために，一緒に頑張りましょうね！」というメッセージが大切。

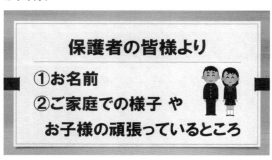

【保護者アンケートの例】

3B 保護者会アンケート

お子様の名前 _____

★お子様の成長したところ

★お子様に頑張ってほしいところ

★不安に思っていること 等

★ご意見や要望・質問 等

★担任へ一言

　本日はお越しいただき、ありがとうございました。一緒に子どもの成長を支えていく身として、このような会を行えたこと、嬉しく思います。今年は進路実現という大きな目標があります。子どもたちの未来を一緒に考えていきましょう。同じ方向を向いて子どもたちのために尽力していきましょう！引き続きよろしくお願いいたします。

Chapter 1　最高の1年を始めるための準備とは？　27

【参考文献】
・ハリー・ウォン／ローズマリー・ウォン著　稲垣みどり訳『世界最高の学級経営　成果を上げる教師になるために』東洋館出版社，2017年
・ひすいこたろう／大嶋啓介著『前祝いの法則』フォレスト出版，2018年

Chapter **2時間目**

先生の毎日が楽しくなる！
いいね先生の
クラスでの取組

Chapter 2　先生の毎日が楽しくなる！いいね先生のクラスでの取組

① 積み重ねが〇〇を生む。毎日のホワイトボードメッセージ
- **01.**「なってほしい姿」を見える化する！
- **02.** 生徒のいいところを個人名を出して褒める！
- **03.** 厳選！いいね先生のホワイトボードメッセージ10選

② 信頼を深める連絡帳へのコメントとは？
- **01.** 鉄則！「他の先生には見せない」ことを約束する
- **02.** とにかく前向きなコメントをする！褒める＆認める
- **03.** 先生の想いや好きなことなどを伝える
- **04.** くだらない日記でも全然OK！
- **05.** 素敵な日記は，匿名もしくは本人の許可を得てクラスで共有する
- **06.** 特別感を出すことも！
- **07.** 子どもたちからのコメント
- **08.** 子どもたちの日記とそれに対するコメント例

③ これ重要！朝学活と帰り学活のポイント
- **01.** 朝の過ごし方
- **02.** 6時間目終わりから放課後の過ごし方

④ 毎週更新！子どもの心に響くスケッチブックメッセージ5選

⑤ え？そんなのあり？笑顔溢れる土曜授業の朝学活
- **01.** 朝学活で『お笑い』を観る
- **02.**「笑う」ことで＋のホルモンが分泌される

Section 1 積み重ねが〇〇を生む！
毎日のホワイトボードメッセージ

毎日，子どもたちの良かったところを伝え続けるためのツールです。

ホワイトボードメッセージって何？

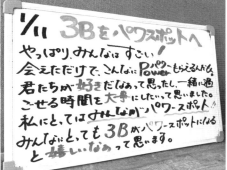

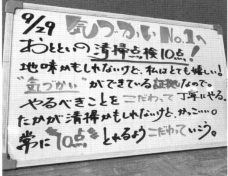

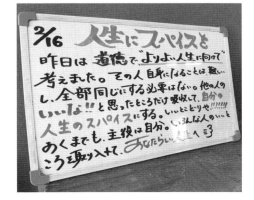

これを毎日書いてました！

Chapter 2　先生の毎日が楽しくなる！　いいね先生のクラスでの取組　31

ホワイトボードメッセージの利点

(1) 一日中教室に置いておけるため，子どもたちが見る機会が増える。
(2) 良い行動等を記載することで，書かれた子どもは嬉しい気持ちになるとともに，良い行動を真似しようとする子どもが増える。
(3) 先生自身がホワイトボードに書く内容（良い点）を見つけようとする姿勢が身に付く。

　以上の観点から，ホワイトボードメッセージを用いることで，**担任の想いが子どもたちに伝わりやすくなります**。担任の想いが伝わると，子どもたちからの信頼も深まっていき，クラスの雰囲気も温かくなっていきます。
　学級経営がうまくいくと，クラスの雰囲気が良くなると，**先生の仕事って楽しくなります**。子どもたちの成長，子どもたちの笑顔がやっぱりこの仕事の原動力。
　この章を読むことによって，どんなことを褒めればいいのか，いいね先生がどんなことを意識して過ごしていたのかが分かると思います。

　私はこの３年間，学校がある日は**毎日欠かさずホワイトボードメッセージを書いてきました**。数にして，**513枚**です！子どもたちからも，「先生のホワイトボードメッセージが大好きです！」と温かい言葉をもらうこともあり，私自身も温かい気持ちになりました。
　子どもたちに良い影響を与えるだけでなく，**私自身が子どもたちの良いところを見つけようとする習慣が身に付いたこと**も大きな収穫かなと思います。クラス満足度が100％に達したクラスをつくれた要因の一つは，このホワイトボードメッセージの存在です。

▶▶ 実際のホワイトボードメッセージは次のページから載せていきますね！

01　「なってほしい姿」を見える化する！

　このホワイトボードは，3年生の担任をもった時のものです。体育大会が終わり，先輩としての自覚が高まってきている中，このように問いかけました。

「1年生にとって，みんなはかっこいい存在になっているけど，自分自身の行動を見直して，かっこいい行動がとれていますか？」

　自分の行動を見直す「いいきっかけ」になったと思います。かっこつけなくていい。当たり前のことを当たり前のように実践する姿がかっこいいんだ。やれることをきちんとやっていこう。そんなことを伝えたホワイトボードメッセージでした。

　このように，なってほしい姿を伝え続けていきます。

Chapter 2　先生の毎日が楽しくなる！　いいね先生のクラスでの取組　33

02　生徒のいいところを個人名を出して褒める！

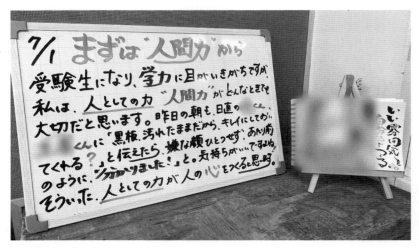

　昨日あった「**生徒のいい行動**」をピックアップしていきます。個人名を出してあげることによって，以下のような利点があります。

■褒められた本人が嬉しい気持ちになり，「また頑張ろう」と思える
■いい行動を真似していこうという雰囲気が自然と生まれてくる
■全体で共有することで，「自分も書いてほしい」という感覚の生徒が増え，いい行動が自然と増えていく
※「俺のこと書いてください」って言ってくる生徒もいました（笑）

　また，このように「生徒のいいところをホワイトボードに書こう」と決めていれば，**先生自身も**「**生徒のいいところを見つけるクセ**」がついてきます。

03　厳選！いいね先生のホワイトボードメッセージ10選

No.1　『笑顔と思いやりがあふれる』

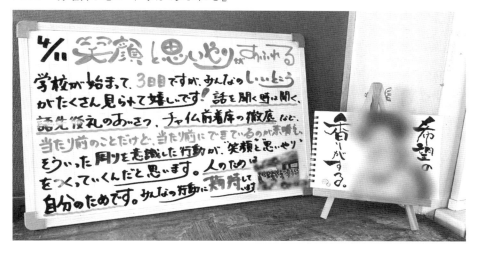

No.2　『君たちの笑顔が私の宝』

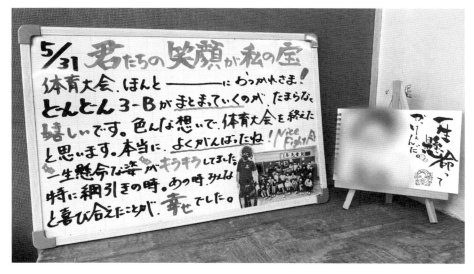

No.3 『いいところを見つける人生』

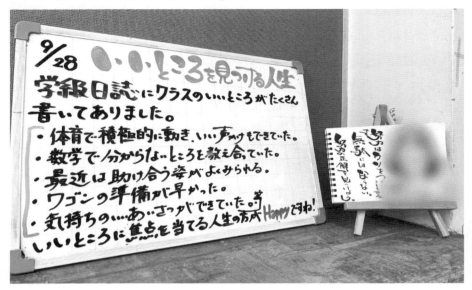

No.4 『気づかいNo.1へ』

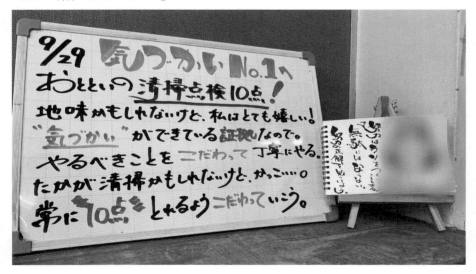

No.5 『一人一人のベストを出しきる』

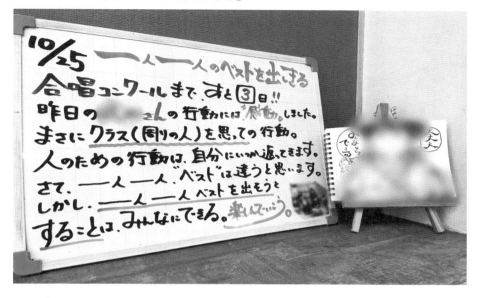

No.6 『思いやりは連鎖する』

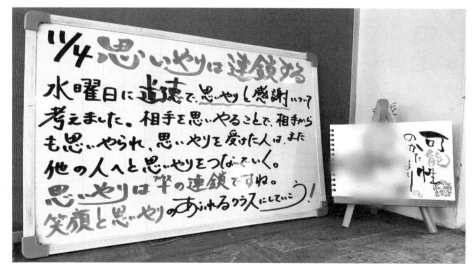

No.7 『あたたかい人たち』

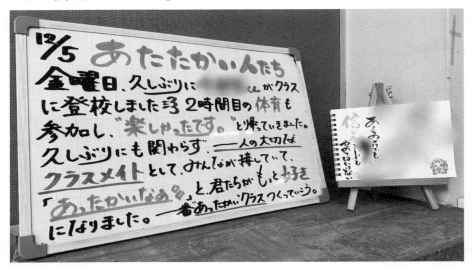

No.8 『自分から呼び込む』

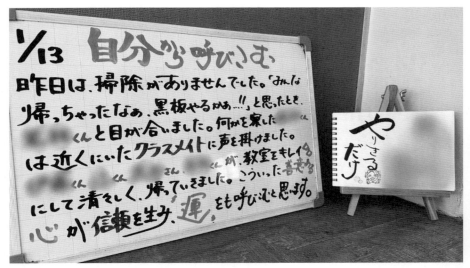

No.9 『-"心"を感じる-』

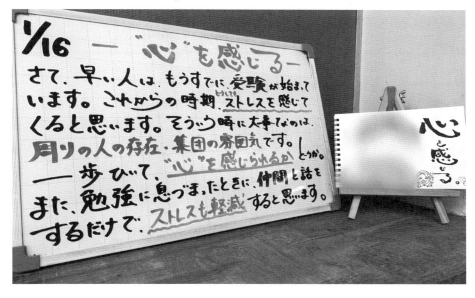

No.10 『いつもどおりが強い』

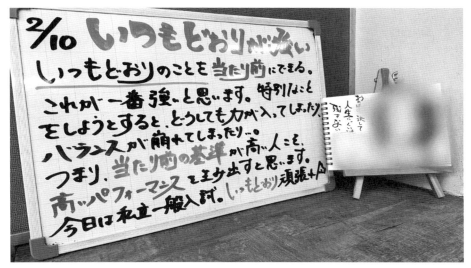

Section 2 信頼を深める連絡帳へのコメントとは？

連絡帳は，生徒を知るチャンス　かつ　先生の想いを届けるチャンス

■日記には『生徒の日常』や『家庭での出来事』，『土日や放課後の過ごし方』，『どんなことを感じているのか』など，生徒理解に必要な情報が溢れています。この日記を見るのが大好きでした。空きコマ１時間をフルに使って，コメントを返していきました。ここで生まれる信頼関係も大きい。関係ができてくると，相談事を書いてくれる子もいます。「寄り添う」ためには，生徒理解・信頼関係が必要不可欠です。

01　鉄則！「他の先生には見せない」ことを約束する

　他の先生も回覧してしまうと，相談事が書けなくなってしまいます。担任にだから相談したいこともあると思います。ここは生徒と先生の信頼関係。「何を書いても，大丈夫」という安心感がクラスづくりに大きく関わってきます。

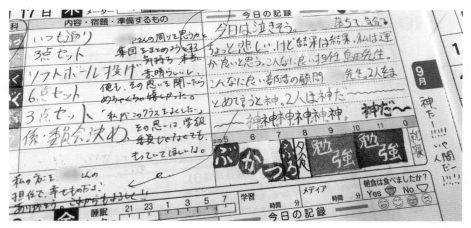

02 とにかく前向きなコメントをする！褒める＆認める

「気に掛けてるよ」というのを伝えることも大切です。あとは**称賛**と**共感**。

時には寄り添い，時には励まし，時には先生の喜びを伝える。コメントを返すのに1コマ分使うけど，この時間でみんなのことをより知ることができました。

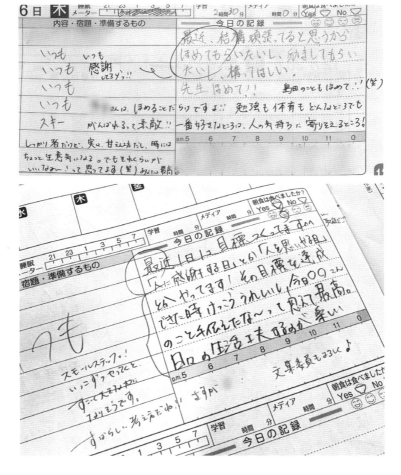

03　先生の想いや好きなことなどを伝える

　たまにこちらの想いも溢れ出て，下の写真のように長くなることも…！笑
「みんなのことが大好き」「あなた（一人ひとり）を大切に想ってる」というメッセージを常に伝えていました。

　また，生徒の「最近〇〇にハマっています！」というコメントに興味をもつことが大切かなと思います。もっと大事なのが，それを実際に調べたり見たりすることです。そして，「見たよ！」とちゃんと伝えてあげる。アニメだったら一話だけでもいいから見るし，曲だったら一回でいいから聴きます。「先生興味もってくれたんだ！」こういったところから，信頼感・安心感がつくられていくと思っています。

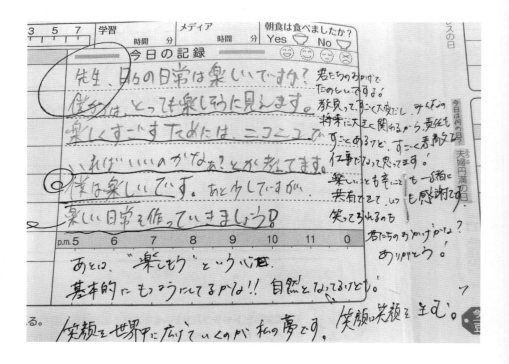

04 くだらない日記でも全然 OK！

　くだらない日記を書く子，めっちゃいました（笑）そこに対して，「ちゃんと書きなさい」ではない。**内容は何だっていいんです**。コミュニケーションをとるためのツールなので全然 OK です。右下の写真なんて，訳分からなすぎて，「そう言われてみれば，そうかもしれん。」ってコメントしてます（笑）

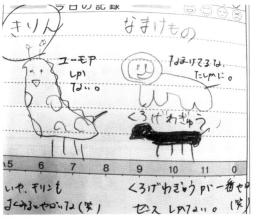

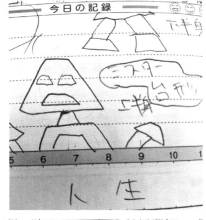

05　素敵な日記は匿名 or 本人の許可を得てクラスで共有する

「日記にこんなことを書いている生徒がいました。」とホワイトボードを使って共有することもよくありました。
　例えば…
■「今日は〇〇さんが率先してクラスのために動いていてかっこいいなと思いました。私も視野を広げて行動してみます！」
■「体育大会不安だったけど，みんなが声掛けてくれて嬉しかった…！」

　人のいいところに気付けるって素敵だよねっていうことを伝えます。これが全体に共有することの良さかなと思います。

06　特別感を出すことも！

　下の写真のように，『**特別感**』を出すこともあります。
■実行委員に立候補して，最後までやり遂げた時
■推薦入試に向けて努力していて，合格を勝ち取った時
などに付箋付きのメッセージを貼ります。『**何かをやり遂げたとき**』の特別感です。これは生徒も嬉しいんじゃないかなあと思います！

07　子どもたちからのコメント

> デイリーライフの返事が楽しみでした。
>
> デイリーライフのコメントもとても励みになりました
>
> デイリーライフのコメントがどんなに忙しくても丁寧で気持ちが込められていてとても嬉しいです！これからもよろしくお願いします!!
>
> 毎日更新されるホワイトボードに書かれている言葉が毎週更新される小さいスケッチブックみたいなのに書かれている名言みたいなのが心の支えになっていました。3年生になっても3学年の先生でいてほしいです。

やってきたことが伝わった！！！と思った瞬間です

　生徒との日記でのやりとりは，私にとってとても大切なコミュニケーションです。私は37人クラスの担任だったので，日記のコメントを返すだけで1コマ丸々かかっていました。**それでも，それだけの価値がある**と思います。1日1回は全員とコミュニケーションをとろうと心掛けていましたが，中学校の先生だとなかなか難しい日も多いと思います。でも，日記でコミュニケーションがとれる。子どもたちと繋がれる大切なツールです。

　授業も週24コマくらい入っていたので，1日の空き時間は多い日で2時間でした。その貴重な空き時間を使ってまで，やる価値があります。ぜひ試してみてください。子どもたちとの関係が変わります。

【職員室の先生たち】　— 日記にコメント中あるある —
- ■　成長を感じると嬉しくて，他の先生に共有する
- ■　面白いネタが書いてあると，他の先生と爆笑する
- ■　インクがめっちゃなくなる。手がめっちゃ疲れる

08 子どもたちの日記とそれに対するコメント例

■感謝のメッセージに，感謝で返す

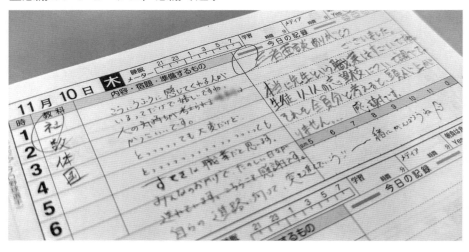

■考え方が最高で，みんなにシェア

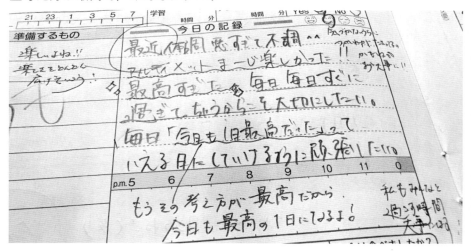

■共通の趣味のゲーム「フォートナイト」の新シリーズに向けて

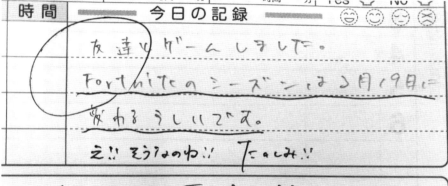

■いい話…からの台無しの一言（笑）

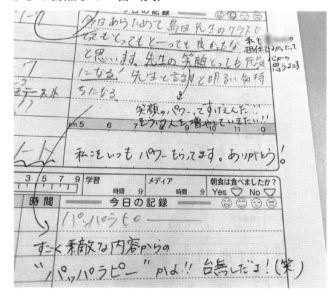

Chapter 2　先生の毎日が楽しくなる！　いいね先生のクラスでの取組　47

Section 3 これ重要！朝学活と帰り学活のポイント

指導する（叱る）ことは朝にする。帰りは褒めて明るい雰囲気で終わる。

■連絡等，何もなければ特に何もせず終わってしまいがちな学活。毎日あるものなので，**この僅かな工夫が１年後には大きな差となる**と思います。朝学活，帰り学活において，私なりに意識していたことをお伝えします。

01 朝の過ごし方

(1) 朝の職員打ち合わせ前に教室整備（8:00頃）

掃除も一生懸命やるクラスだったので，教室はきれいでしたが換気・ゴミ拾い・机の整頓などをしていました。そんなことをしていると，生徒が登校してくる。ここでのコミュニケーションも大事な時間だったりします。机が整頓されていない，環境が整っていないと，「どうでもいい雰囲気」が生まれてしまうものです。それを防ぐのに必要なのが，環境整備です。

(2) 朝学活のやり方とその後の数分の過ごし方

私の勤務していた学校は学活前に朝読書時間があり，「シーン」として状況から朝学活がスタートします。私のクラスは朝学活をなるべく早く終わらせるようにしていました。連絡事項＋先生から一言。この時に前項で取り上げたホワイトボードを活用したりして，昨日のクラスや生徒のよかったところを全体で紹介して終わりです。**なぜ早く終わらせるかは，朝学活後に生徒とコミュニケーションをとるため**。中学校の先生だとクラスの授業がないと，関わる時間も少ない日があります。だからこそ，多くの時間を生徒と過ごすように心掛けていました。たいした話はしてないです。「昨日，ワンピース見た？」とか「今日眠そうだな〜！」とか（笑）学級委員などに，相談事をするときもこの時間を活用します。

02　6時間目終わりから放課後の過ごし方

(1) 帰り学活のやり方

　帰り学活で意識していたこと。それは，**『必ず帰りは褒めて帰す』**ということです。理由は「気持ちよく下校するため」＝「明日も来てもいいかな」という心をつくるためです。これはとても重要かなと思います。ホワイトボードメッセージ，その日の生徒やクラスの素晴らしい言動など，いいところを必ず紹介します。

【褒めることの例】
- 学級目標について話し合っている際，○○さんの「こうした方がいいんじゃない？」とより良くしたいという思いが見られて，嬉しかった！
- 昨日は掃除がなかったのに，○○さんが，自ら気付いて黒板をきれいにしてくれました。気付いて動けるって本当に素敵だよね！

(2) 自分たちで始めるまで「待つ」

　「はい，じゃあ帰りの会やろー！」などの声掛けはしません。生徒自身が自分たちで始める環境をつくる。司会原稿もあるので，自分たちで始めるのは簡単。**主体性を生み出すのに大切なことは「待つ」こと**。次のページに学活の司会原稿の例を載せておきます。ぜひアレンジしてください！

Chapter 2　先生の毎日が楽しくなる！　いいね先生のクラスでの取組

■朝学活の流れの司会原稿例

朝学活の流れ

1　朝の挨拶
「これから朝学活を始めます。（はい。）号令，お願いします。」
→学級委員：「起立。」「気を付け。」「おはようございます。」（礼）「着席」

2　今日の予定の確認
「今日の予定を確認します。
　１時間目，（教科名），２時間目，（教科名），・・・」
→今日の行事予定（提出物，昼休み・放課後の予定など）や注意事項なども伝える。

3　委員・係からの確認
「連絡のある委員や係はいますか？」
→いた場合は指名をする。

《週の始まりの日のみ》
「週の給食当番の確認をします。
　今週は〇班が給食当番です。
　よろしくお願いします。」

4　デイリーライフの回収
「デイリーライフを集めます。後ろの人は集めてきてください。」
→デイリーライフを受け取り、全部を揃えて教卓の上に置く。

5　先生からのお話
「先生からのお話です。先生お願いします。」
→自席に戻る。

6　終わりの挨拶
→学級委員：「起立。」「気を付け。」「ありがとうございました。」（礼）「着席」

■帰り学活の流れの司会原稿例

帰り学活の流れ

1　始めの挨拶
「これから帰り学活を始めます。(はい。)
机の上は，デイリーライフと筆記用具のみにしてください。
(全員ができているかチェックし，できていない人に声掛けをする。)
号令，お願いします。」
→学級委員：「起立。」「気を付け。」「お願いします。」(礼)「着席」

2　明日（または月曜日）の予定の確認
「明日（または月曜日）の連絡をお願いします。
1時間目，(教科名)，2時間目，(教科名)・・・」
→明日（月曜日）の行事予定（提出物，昼休み・放課後の予定等）や注意事項なども伝える。

3　デイリーライフの記入
「デイリーライフを書きます。よーい，始め。(1分30秒間)　終わりです。」
→タイマーで1分30秒間計る。日直は教卓に座って記入する。

4　委員・係からの確認
「連絡のある委員や係はいますか？」
→いた場合は指名をする。

《ここからは先生が来てから行う。》「先生がいらっしゃるまで静かに待っていてください。」

※　学級委員より（週末のみ）
　「学級委員から1週間の反省です。学級委員お願いします。」

5　クラスの様子と日直の引き継ぎ
「今日のクラスのよかったところは・・・　　(クラスの様子を振り返る。2人とも言う。)」
日直の引き継ぎです。
　○日直点検表の全ての項目を達成することができたので，日直を引き継ぎます。明日の日直は
　　○○くんと○○さんです。よろしくお願いします。」(名札を替える。)
　×日直点検表の（　　　）の項目を達成できなかったので，もう一日やります。」

6　先生からのお話
「先生からのお話です。先生お願いします。」
→自席に戻る。

7　帰りの挨拶
→学級委員：「起立。」「気を付け。」「さようなら。」(礼)

Section 4　毎週更新！
子どもたちの心に響くスケッチブックメッセージ5選

いろんな形で『言葉』を届けることで、『想い』を伝える。

■前項で書いた通り，中学校の先生は小学校の先生と違い，一日中子どもたちと関われるわけではありません。だからこそ，ホワイトボードや学級通信，教室掲示等などの**いろんな形で，『言葉』に『想い』を乗せて伝えます**。「先生こんなにやってくれてるんだ！」と思ってもらっていたことも信頼関係に大きく繋がっていたと思います。スケッチブックもいくつか紹介していきますね！

　毎週更新していくと，年間累計**40**枚近くになるのでクラス全員分足ります。３学期のクラス解散の日（終業式）の日に**みんなに配布**します！

　この前教え子が「大事にとってます」って連絡くれました。かわいい。尊い。

No.1　『一生懸命ってかっけぇんだ。』

No.2 『大丈夫。みんなならできる。』

No.3 『努力の天才になる。』

Chapter 2　先生の毎日が楽しくなる！　いいね先生のクラスでの取組

No.4 『自分の敵はだいたい自分。』

No.5 『あなたなりの一歩』

Section 5 え？そんなのあり？笑顔溢れる土曜授業の朝学活

土曜授業の日の朝学活は，ちょっと特別感を出します。

■土曜授業って，生徒も先生も気持ち乗らないですよね（笑）だから「**いつもと違うことしちゃおう**」**と考えた**わけです。「土曜日なのに学校…？」と思いながらも頑張ってきた子どもたちに楽しいことを提供してもいいかなと！

01 朝学活で『お笑い』を観る

全国探してもこんなことしてる先生なかなかいないと思います（笑）これは私の提案でしたが，子どもたちが「土曜授業の朝学活で楽しいこと」を考えるきっかけをつくってもいいかもしれませんね！

当時私がハマっていたものを見せていました（笑）例えば「千鳥のクセスゴ！」というお笑い番組。朝からみんな爆笑です。

ただ，楽しいだけではなく，

朝にこういった取組をするには，**意味がある**のです。

02 「笑う」ことで＋（プラス）のホルモンが分泌される

本書冒頭にも書きましたが，これは脳科学的にも証明されているものです。**プラスの言葉・動作・表情は，プラスのホルモンを放出**します。だから日常的にこれらを取り入れていくことが大事かなと思います。

Chapter 2　先生の毎日が楽しくなる！　いいね先生のクラスでの取組　55

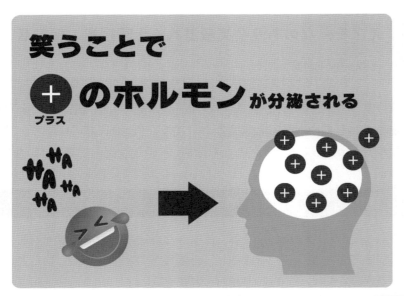

　「土曜授業あるから，今週休み少ないなあ」と思いつつも，子どもたちに会えるとなんだかんだ元気が出る単純ないいね先生でした（笑）

Chapter 3 時間目

いい雰囲気になる温かい教室は,こうやって創る!

Chapter 3 いい雰囲気になる 温かい教室は，こうやって創る！

❶ こんな教室最高？『カフェ』みたいな教室掲示

- **01.** 通常スタイル（クラスカラー：青色）
- **02.** レンガのステッカーや観葉植物でおしゃれ感を創出する
- **03.** 季節ごとに教室を変えていく
- **04.** 教室後方の連絡黒板はこのように活用！
- **05.** 教室の横の掲示，どうなっていますか？
- **06.** クラスの子たちの写真を貼りまくる
- **07.** 重要なのは，子どもたち自身が創ること
- **08.** 教室掲示を手伝ってくれている子どもたちの様子

❷ モチベーションUP！黒板アートを描く意味と描き方

- **01.** Instagramで280万再生された黒板アート
- **02.** 黒板アートの描き方
- **03.** いいね先生が描いてきた黒板アートの紹介

❸ クラスの交流を深める学級レクのタイミングと内容

- **01.** 学級レクをやるタイミング
- **02.** 学級レクの紹介

❹ 席替えってこうやるんだ！基本的な6ステップ

- **01.** 班長調査カード
- **02.** 班長を選出する
- **03.** 全体の前で班長を発表する
- **04.** 班長会の実施
- **05.** 班長会前に必ず伝えていること3選
- **06.** 最後に使う神の一手

❺ 褒めるが溢れる？クラスでの取組　6選

- **01.** ホワイトボードメッセージで伝える
- **02.** 日直日誌で伝える
- **03.** 「褒める」を逃さないPointとは？
- **04.** なるべく全体の前で褒める
- **05.** 帰りに褒める
- **06.** 独自の取組「いいね！発見ウィーク！」

❻ クラスがまとまる！生徒の心を掴む思い出ムービー

- **01.** オススメの動画作成アプリ
- **02.** どのタイミングで作成・上映するの？
- **03.** 子どもたちからのサプライズムービー

Chapter 3　いい雰囲気になる　温かい教室は，こうやって創る！

Section 1 こんな教室最高？『カフェ』みたいな教室掲示

教室掲示に力を入れていました。どんな教室をどのように子どもたちと一緒に創っていったのかを紹介してきます。

■**教室が『カフェ』みたいだったら，居心地もいいし，「行ってもいいかな」「行きたい」って思えるかな**っていうのが，教室の『カフェ化』の原点です。温かい教室を創っていくための取組をまとめてみたので，真似できそうなところから始めてみるのもいいかもしれません。

01 通常スタイル（クラスカラー：青色）

【Point】
■レンガのウォールシールが貼ってある（※100円ショップで購入）
■子どもたちの写真を大量に掲示→クラスへの所属感 UP の効果あり
■手作りの学級目標のみならず，行動目標も掲示
■各班の班写真を掲示
　→壁画のようにすることでおしゃれ感・所属感 UP
■子どもたちが作成したものを積極的に掲示

02 レンガのステッカーや観葉植物でおしゃれ感を創出する

　4月当初の教室は，下の写真のような感じです。掃除用具箱にレンガを貼ってしまうという技（笑）これも子どもたちが貼りました。大事なのは，**「自分たちで創る」**ということ。アイディアを与える時もあるけど，自分たちがしたいような環境を創っていく。100円ショップコーナーは完全に私の趣味ですが…（笑）緑もたくさんあって，どんどんおしゃれになっていきます。

■教室内にある「100円ショップコーナー」

Chapter 3　いい雰囲気になる　温かい教室は，こうやって創る！　61

03 季節ごとに教室を変えていく

誰もが好きな「期間限定」みたいなイメージです。100円ショップグッズ×みんなの手作り掲示物で，創作感がMAXです。

Q. その掲示物は，いつ誰がどのように作っているの？

A. 好きな時，それぞれのタイミング（家・休み時間など）に子どもたちが制作してくれています。イメージとしては，下の写真のように秋だったらハロウィンや焼き芋など。季節を連想できるものであれば何でもOKです。

どのように作っているのかに関しては，教室の決まった場所（ボックス）に色画用紙を入れておくだけ。伝えるのは，「〇月〇日に教室に貼りたいから，作ってくれる人は作ってください。」ということだけです。

慣れてくると学級委員とか美術好きな子とかが動いてくれて，画用紙だけ用意すればいいだけになります。ほんと助かる。強制はしません。あくまでも主体的に。体育大会・合唱コンクール・教室掲示・勉強など，輝くところはそれぞれが違うので，活躍の場を創出するという意味でも教室掲示は大きいです。

【季節の教室掲示〜秋編〜】

【季節の教室掲示〜冬編〜（クリスマス ver.）】

【季節の教室掲示〜冬編〜（お正月 ver.）】

【季節の教室掲示〜春編〜】

Chapter 3　いい雰囲気になる　温かい教室は，こうやって創る！

> Q. 生徒が自分から作ってくれない時はどうしますか？

A. 掲示をしない。もしくは，こちらからお願いしちゃいます（笑）まずは，よく話かけてくれる子に手伝ってもらう。その子たちから周りに広げてもらいます。そうすると，どんどん増えていきます。

もう一つポイントがあります。**最近関わりが少ない子，気になる行動が多い子にもお願いすること**です。この制作をきっかけに関わりが増え，お話する機会が増えます。『先生，気にしてくれてる』という安心感が信頼感へと繋がります。このように**「生徒と一緒に創っていく」環境作りが居心地の良さに繋がり，クラスの安心感・クラス満足度にも繋がっていきます。**

あとは単純に，温かい雰囲気の教室に行くと，私自身のテンションが上がります（笑）先生のモチベーションも生徒指導に大きく関わると思っています。

04 教室後方の連絡黒板はこのように活用！

時間割の横のスペースはホワイトボードを貼り付けています。「提出物」と「連絡事項」の2つ。ホワイトボードにしている理由としては，掃除が楽であり，黒板部分とのメリハリがつけられるからです。

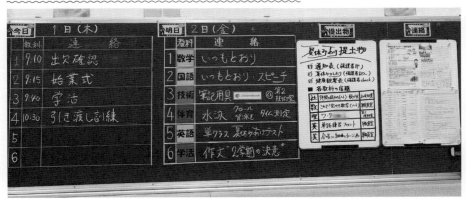

05 教室の横の掲示，どうなっていますか？

　学校だより，学年だより，学級通信，掃除分担表などを掲示している先生が多いと思います。それはすごく良いのですが，問題は貼り方です。紙がテロ～ンとならないように，画鋲で４点止めしていますか？ここが雑になっている先生は気をつけた方がいい！教室環境が悪くなっていくと，クラス・生徒の態度も少しずつ悪くなっていくんです。逆にこのような細かいところを気に掛けるようにすると，生徒の細かいところも見えてくるものです。

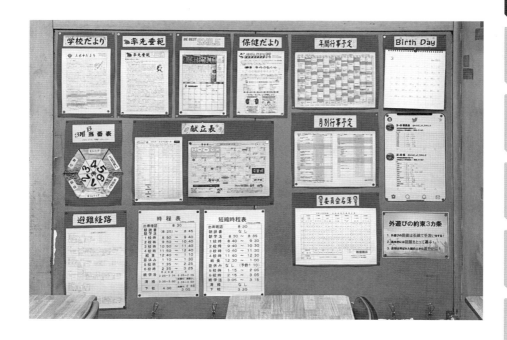

　きっちり貼ってあるのが伝わりますか？そして，この「学校だより」などの名前のカードですが，プリントアウトしたものを生徒がイラストや色付けをしてくれたものになります。文字もやってもらいたかったですが，「受験生で忙しい」ということへの私なりの配慮でした。

Chapter 3　いい雰囲気になる　温かい教室は，こうやって創る！　67

06 クラスの子たちの写真を貼りまくる

　これは『**クラスへの所属感**』に繋がります。自分たちの写真がいっぱいだとあたたかい雰囲気が出るような気がしませんか？

07 重要なのは，子どもたち自身が創ること

　イメージとしては，**子どもたちが掲示物を作り，子どもたちが掲示物を貼り，自分たちで教室を創っていくこと**です。この感覚が大事。先生がやってしまった方が楽なこともちろん多くありますが，子どもたちが自分たちでやる。**自分たちで創る教室だから，自分たちの写真がたくさん貼ってある教室だから，この教室が好きになる。**

> Q. 掲示物はいつ誰が貼るの？

A. 子どもたちが作ってくれた掲示物等は，教室の回収ボックスに集まっているので，有志の生徒で昼休みや放課後の時間に先生と一緒に貼ります。この時間が何とも言えないくらい楽しい。子どもたちとコミュニケーションをとるいいきっかけにも繋がります。お手伝いしてくれた生徒のことはもちろん先ほどのホワイトボードメッセージを活用して，全体で褒めます。

08 教室掲示を手伝ってくれている子どもたちの様子

Chapter 3　いい雰囲気になる　温かい教室は，こうやって創る！

Section 2 モチベーションUP！黒板アートを描く意味と描き方

行事前，学期始まりなど，要所要所で黒板アートを描いてきました。なぜこの取組をしていたのかを解説していきます。

■始めたきっかけは，「自分が生徒だったら嬉しいから」です（笑）行事前で気持ちが高まっているときに，**先生も同じ気持ちだぜ！**って伝えるのにもいいツールだと思います。「自分たちのためにやってくれた」という想いになってくれる子もいるのかなと。あと，2学期の始まりなど，夏休み後の一発目の登校日。「面倒くさいなあ」「まだ休みたいなあ」という子たちに，「来てよかった！」って思ってもらいたくて，夏休み中に気合入れて描いていました。

01　Instagramで280万再生された黒板アート

　私の描いたルフィの黒板アートはInstagramで280万回再生されました。卒業式の前日に3時間くらいかけて描きました（笑）「絵上手いですね」と言われますが，そうじゃない。時間さえあれば誰でも描けます。難易度を下げれば1時間あれば描けると思います。技があるので，その描き方も紹介していきます！

02 黒板アートの描き方

(1) 描きたいイラストを決め，PowerPoint等に貼り付ける。
(2) プロジェクターを準備し，用意したPowerPointを黒板に投影する。
(3) チョークでなぞっていく。
(4) 色を塗る。
(5) 指やブラシ，鉛筆の後ろの消しゴム等で仕上げをする。

【Point】
- イラストの黒い部分は，塗らない（黒板が黒いため）
- 色がない場合は組み合わせる
  例）肌色：オレンジ＋白　等
- 指で仕上げをするときは，まず指にチョークを塗る
- 黒くて細い部分をつくるために，鉛筆の後ろの消しゴムが効果的

03 いいね先生が描いてきた黒板アートの紹介

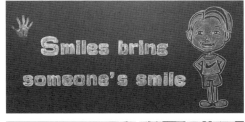

Chapter 3　いい雰囲気になる　温かい教室は，こうやって創る！　71

Section 3 クラスの交流を深める学級レクのタイミングと内容

クラスの交流を深めるため，あるタイミングで学級レクを行っていました。どんなタイミングで，どんな内容をやったのか紹介します！

■学級レクをやる意味としては，<u>遊びの中から学びをつくるためです</u>。**遊びの中には，コミュニケーション能力や相手のことを考える力，思いやり，自己表現など，様々な『学び』の機会が多くあります**。勉強だけが学びじゃない。『学びの遊び化』をレクの中でつくっていく。こういう時間もクラスの親睦が深まるとても貴重な時間として捉えていました。

01 学級レクをやるタイミング

　学年で「この時間学級レクにしましょう。」という時間もあります。その他にどんなタイミングで学級レクをやるのか。それは，学活や総合など，やるべきことが終わって時間が5分～10分余ったとき！授業なのにいいの？と思うかもしれませんが，何気なく「自習」にするのはもったいない。だって自習よりはるかに，『学び』があるから。担任間で，事前打ち合わせしていれば問題なしです。

02 学級レクの紹介

(1) 時間が少し余った時に学級レクを取り入れるパターン

ここで登場するのが，ボードゲームたち。ロフトにたくさん置いてあるアレです。そのうちのいくつかを紹介していきます。これらは班対抗で使えていい！

■はあって言うゲーム

■キャット＆チョコレート

■ボブジテン

■ナンジャモンジャ

私がボードゲームを購入する時に注意することは，**①クラス全体で遊べる（学べる）か**，**②社会的スキルが身に付くか**，**③楽しいか**，の3点です。楽しくて学びがあるって最高だと思うんです。「**学びの遊び化**」ですね！

私の一押しは，ボブジテンです。ルールもとても簡単だし，時間の調整もしやすいし，コミュニケーション能力も身に付くし，分かりやすく説明する力も身に付くし，よく聞こうとする力も身に付くし…。ソーシャルスキルの学びがありすぎて，止まらない（笑）

「はぁって言うゲーム」（ゲーム考案：米光一成　発売元：㈱幻冬舎）
「キャット＆チョコレート　非日常編」（発売元：㈱幻冬舎）

Chapter 3　いい雰囲気になる　温かい教室は，こうやって創る！　73

（2）1時間（50分間）の学級レクのパターン

【手順】
❶学年で1時間学級レクをすることが決定
❷学級委員にどんなことをやるか聞き取り
　※「みんなの意見を聞こう」ということでアンケート調査（form）
❸アンケート結果をもとに話し合い（司会：学級委員）
❹学級レクでやる内容の決定
❺当日のレク運営方法を学級委員や班長を中心に話し合い

実際にどんなことをやったのか，実例を紹介していきます。
■人間指スマ（指スマの人間 Ver.）
　「いっせーのーせ！1」ってやつ分かりますか？ルールはとても簡単。「いっせーのーせ」の後に立つか座ったままかをするだけです。シンプルがゆえにとっても盛り上がります。指ではなく，体全体で数を表します。
　これを班で行った後，クラス全体で行います。**シュールすぎて，とっても笑えます（笑）**

■画伯によるイラスト当てゲーム

クラスの「画伯（絶妙な絵を描く生徒）」が数名，前に出てきて，黒板にイラストを描きます。班対抗戦で相談しながらなんの絵を描いたか当てるゲーム。**「画伯」だからこそ盛り上がりますし，班員の仲も深まります。**

■逃走中

TVでやっている「逃走中」を校庭で実施しました。なぜこれをやることになったか。簡単です。**生徒の「逃走中を学校でやったら，おもしろそうじゃね？」の一言**です。特別ルールを自分たちで考えて，実施しました。あとは，先生がスーツ着て，サングラスかければ完璧というところで以下の写真が，それです（笑）**子どもが本気なら，大人も本気**です。ちなみに真ん中が，いいね先生です（笑）

ただ悔しかったのは，へとへとなハンターの姿を見せてしまったこと。約30歳がスーツで校庭を全力疾走したら，まあそうなります（笑）それも含めて楽しかったんだと思います。右の写真は，翌日の生徒の日記です。うますぎる。

Chapter 3　いい雰囲気になる　温かい教室は，こうやって創る！　75

席替えってこうやるんだ！基本的な6ステップ

Section 4

「席替えのやり方ってどうやったら上手くいく？」とお悩みの先生も多いかと思います。いいね先生のInstagramでこの投稿をしたら、保存数1,000を超えました。それなりの評価された私なりのやり方を紹介していきます！

■くじ引き，話し合い，先生が決めるなど，やり方はたくさんあると思います。その中で，私が「**やっぱりこのやり方だな！**」と思ったやり方をお伝えします。「こうやればいいんだ！」が分かると思うので，次の6つのステップをチェック！

01 班長調査カード

(1) 班長調査の実施。立候補者を募集します。班長調査の前に，「立場が人を育てる」という話や班長のメリットを話しておくと，集まりやすくなります。
(2) 「ぜひこの人にやってもらいたい！」というクラスメイトを推薦。
(3) 座席の希望を聞く。ここの希望とは，「後ろがいい」等という願望ではなく，配慮してほしいことがあれば記入するように伝えます。
　（例：視力が悪いから，前の方がいい。等）

02 班長を選出する

　最終的な班長の選出は担任の私が行いました。数日間かけて，**立候補した生徒，推薦が多かった生徒，班長やったら伸びるだろうなあという生徒**に声を掛けまくります。ここできちんと個々と話し合って，コミュニケーションをとって固めておくことが大事です。朝学活終わりのちょっとした時間，昼休み，10分休み等を利用していました。基本，立候補してくれた生徒には，班長をやってもらいます。どんなに頼りなくてもです。班長が頼りなくても，本人も周りも成長するからいいんです。**「班長をやろう！」と思ったその心を応援する方が大事**だと思います。

　こういう小さなところでリーダーを増やして磨いていくと，学級経営がすごく上手くいきます。**クラスを上手く回していく秘訣は，先生の仲間（クラスの生徒）を増やしていくこと**。これに尽きます。全体ばかり見ていると，悪いところに目がいってしまい，イライラしてしまうこともありますよね。それが子どもたちに伝わるという悪循環に繋がってしまうので，まずは個々にフォーカスを当てていきましょう。

Chapter 3　いい雰囲気になる　温かい教室は，こうやって創る！　77

03　全体の前で班長を発表する

　生徒への個々の相談が終わったら，学級委員に「これでいいかな？」と相談をします。これもポイントで，こうすることで学級委員も「頼られている」という感覚になります。**先生が勝手に決めるのではなく，「一緒に決めていく」ことが大事**です。学級委員の確認がとれたら，全体の前で発表です。発表される生徒はこの時点で知っているので，一切文句は出ないです。

　ここに至るまでの生徒とのコミュニケーションがすごく大事だと思っています。投票数が多いからといって勝手に決めてしまうと，やらされ班長になってしまいます。生徒と話をしていく中で，生徒自身が「**よし，頑張ってみます！**」となるまで話をする。このようにして，信頼関係を構築していきます。

【Pointまとめ】
- ■　全体で発表する前に学級委員に相談する
- ■　学級委員の承認が得られたら，全体で発表する
- ■　発表の前に個人的に班長になることを納得している環境をつくる
- ■　生徒自身が「やるぞ」となるまで話をする

04　班長会の実施

　発表が終わったら，日程を調整し，放課後に班長会を実施します。ここで大事にしていたことが2つあります。
(1) 時間を決めること
　　→時間内に円滑に話を進める力をつける。グダグダやってもいいことない。
(2) 先生も絶対その場にいること　※基本的には口は出さない。
　　→「子どもたちってこういう風に考えているんだ」
　　　「この子たちの関係性ってこんな感じなんだ」がどんどん見えます。
　　　つまり，普段気付けないところも知るとてもいいチャンスなんです。

05 班長会前に必ず伝えていること３選

(1)「ここだけはこうしてほしい」があれば伝えておく
(2) 配慮が必要な生徒の情報（※視力の関係で前がいい等）
(3) 神の一手があるということ（※本ページ06で紹介）

　以上の３つ以外は，ある程度子どもたちに任せています。「ん？いや，これはやばいな」って時だけ，ちょこっと口出しします（笑）

　放課後にこういう子どもたちと話をする時間がとっても好きでした。子どもたちの考えてることがすごく見えるし，シンプルに楽しい。子どもたちと仲良くなるチャンスでもあるし，信頼関係を築けるチャンスでもあると思います。

06 最後に使う神の一手

　神の一手といったら大袈裟ですが，簡単に言うと，「最終確認の権限は先生にあるからね！」ということです。
■班長会で決まったものを第一案とする。
■担任が一度預かり，他の先生にアドバイスを聞きながら決定する。
（※子どもたちはとても一生懸命考えてくれているので，基本変えません。）
■以上の行程で変更するところがあれば，昼休み等のわずかな時間を活用して，第二回班長会を実施する。

【おまけ】 ～席替えの発表方法～
■下図のような一人ひとりの日直マグネットを活用して，一班から貼っていく。
　→どかーんと発表するより，盛り上がる（笑）
■一人ひとりの日直マグネットをランダムに貼っていく。
　→これもまた盛り上がる（笑）ぜひお試しあれ！

Section 5　褒めるが溢れる？クラスでの取組　6選

いいね先生のInstagramでも，「褒めたいんだけど，何を褒めればいいか分からない」という相談を受けることがありました。そんな先生方へのヒントになる内容をお伝えします。

■「何を褒めたらいいの？」この質問に対する答えはコレ。

「何でも褒めていい！」 です。具体例はこちら↓

> 【子どもを褒める具体的な例】
> ■　授業が始まる前に自分の席に座っていた
> ■　〇〇を頑張ろうとしていた
> ■　掃除を一生懸命やっていた
> ■　素直に「やります！」と言ってくれた　等

　ハードルをぐーーーーーーんと下げてあげるのもポイントの1つです。「これくらいできて当たり前でしょ？」ではなく，「当たり前のことが当たり前にできていること」を褒めてあげる。どんなに小さいことでも褒める。逆に『こんなことも褒めてくれるの？』というくらい，褒めることをしていました。この小さな積み重ねが，「ちゃんと見てくれてる」という信頼感・安心感につながっていきます。

01 ホワイトボードメッセージで伝える

　下の写真のように，**いい行動を『言葉』で伝えてあげる**。名前付きで褒められたら嬉しいですよね！これを書くだけでなく，朝学活 or 帰り学活でも伝えてあげる。こういう取組をしていると，「自分も書いてほしい」という子も出てきて，**いい行動の連鎖が始まっていきます。**褒められたら大人でも嬉しいですよね！

　もちろんいい行動があったら，その場で伝えられるといいですが，目まぐるしい学校現場で「あ，褒め損ねた…！」という時が私もよくありました。でも，いいんです。後悔しなくても，**次の日にきちんと伝えてあげればいい。**

　伝え方もなんでもいい。黒板メッセージ，学級通信，ホワイトボードメッセージなど，色んなツールを使って褒めていく。

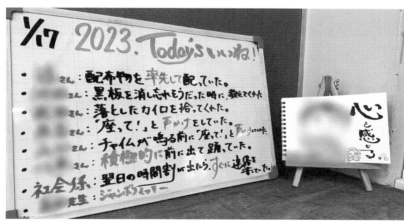

【Point】
■個別で褒めたあとに，全体で褒める！
　子どもの気持ちを考えると，個別で褒められる経験ってやっぱり嬉しいと思います。かつ，全体で褒めることでいい行動をラベリングできるので，その行動を真似しようとする雰囲気が生まれてきます。

02 日直日誌で伝える

日直日誌に以下の2点を書くように年度当初に伝えていました。

【日直日誌に日直が必ず書くこと】
- クラスのよかったところ
- クラスメイトのよかったところ

そして，これらを毎日帰り学活で日直に発表してもらいます。先ほど伝えたように全体に共有です。**日常的にいいところに目を向けるクセをつけさせる**というねらいもあります。また，このようにいいところを見つけたことを担任から褒められるという温かいローテーションです（笑）

03 「褒める」を逃さないPointとは？

これは，もうコレに尽きます。**「メモをとる」**。私自身，すぐに忘れちゃうので絶対メモしていました。私の手帳の左ページは，その日の予定を書きます。右ページは，きったない字で褒めるポイントがたくさん書いてあります。伝えたら☑をつけて，伝え漏れを防ぐ。超アナログ（笑）だけど，超大事だと個人的には思います。ぜひお試しあれ。※モザイクのところは個人名が書いてあります。

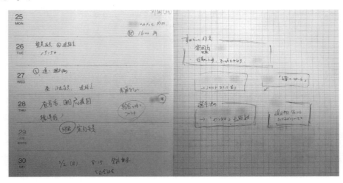

04 なるべく全体の前で褒める

先ほども少し述べましたが,「全体の前で褒める」ことが意味をもちます。

【全体の前でいい行動を褒める意味】
- みんなの前で褒められると嬉しい
- 「自分も書いてほしい」という子が出てきて,いい行動が増える
- いい行動を肯定することで,その行動をマネする子が増える
- いいところをちゃんと見てくれる先生だということが伝わる

「クラス全体」を褒めることも大事だし,「個人」を褒めることも大事。必ず毎日褒める。この取組をしていると,**先生が自然と子どものいいところに目を向けよう**とする姿勢が生まれます。悪いところに目が行きがちだけど,いいところに目を向けた方がストレスが少なく働けるので,オススメです。

05 帰りに褒める

この感覚は結構大事にしていました。帰り学活で叱ることは絶対しません。**一日頑張った子たちが気持ちよく帰れるようにしたいから**です。褒めて帰す。この取組が「明日も学校行ってもいいかな」という土台になります。叱ることがある場合は,基本朝に伝えます。帰りにどうしても伝えなければならない場合は,個別に対応していました。

Chapter 3　いい雰囲気になる　温かい教室は,こうやって創る！

06 独自の取組「いいね！発見ウィーク！」

いいところに目を向ける人間になってもらいたいという想いから，年に2～3回この取組を行います。取組はシンプルかつ簡単です。1日1個以上「いいね！」と思う行動を見つけ，帰り学活で共有するというものです。

【いいね！発見ウィーク！のやり方】
① 一人1個以上，クラスメイト等のいいところを見付ける
② 帰り学活で近くの席の人と共有する
③ 全体でいくつか共有する
④ 学級通信で「いいね！発見ウィーク！」号を作成し，保護者にも共有する

「いいね！発見ウィーク！」を実施した後に，こんな素敵な取組をしている生徒がいました。

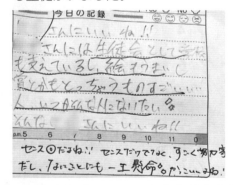 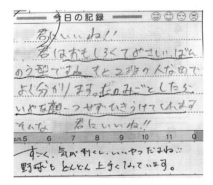

これ何を書いているか分かりますか？連絡帳の毎日の日記のところに，**毎日出席番号順にクラスメイトのいいところを書いていたん**です。38日間（クラスメイト37人＋担任1名分）毎日です。**「なんて素敵なんだ」**と思って，毎日彼の日記を写真にとって，学級通信に綴りました。それがこの次のページです。

■毎日日記にクラスメイトのいいところを綴った彼の文をまとめた学級通信

２０２２年３月４日（金）　〇〇市立〇〇中学校　２年Ａ組　学級通信「ＳＭＩＬＥ」　第１１号

〇〇さんがすごく素敵な取組をしていたので、みなさんに紹介します。毎日、デイリーライフにクラスメイトの「いいね！」を書いていました。人の良いところに目を向ける。その行動がもう「いいね！」ですね！
それでは、内容の一部を紹介します。

・みんなのリーダーというか2Aのインフルエンサーだと思う。おもしろいことを言ってくれるし、行動力がある。
・緊張しながらも学校に一生懸命来て頑張り屋さん。いつか仲良く学校生活を一緒に送ろう！
・積極的に発言力、友達思いな所がいい！

・とてもフレンドリー。やるときはやる人という一面もある。みんなが知らないようなことをたくさん知っていていつか才能を発揮しそう。
・優しいという印象がある。そういうこともある。
・副班長にも抜擢されているので、しっかりしているイメージです。
・声が大きくて、まとめる力もある。まさクラスの中心にいてほしい存在。
・急なお願い事にもOKしてくれる優

・面白くて優しい方能型。頼みごとをしたら嫌な顔一つせず引き受けてくれる。
・たくさん本を読んでいてすごい！
・お話し上手！少し話しただけですぐ友達になれた。
・完璧。まさにパーフェクトヒューマン！僕も見習いたい。
・言われたことを必ず丁寧にやる人だと思う。
・頭がよくてみんなのリーダー。仕事を積極的にやってくれるし、面白い。感謝。
・周りをよく見て行動している印象がある。まじめなときはそういうこった方がいい。
・学校を支えてる、絵も上手い、なんでもできる、面白い、優しい、10時間あるって言ってた。たまに自由な時間が1日変えれば、言い方次第けど、元気！
・助けてもらっていろんなことを話して笑いをとるセンスがある。
・急に質問しても自分なりの考えですぐ返してくれる。頼れる存在。うるさいけど、言い方変えれば、元気！
・人になっても役に立つ！
・面白いの化身。１人でいても周りが寄ってくるようなすごくうまい！
・センスの塊。絵がすごくうまい。
・みんな知らないようなことを話してなってる存在。
・声掛けして、みんなのために行動してくれる。
・頭が良いし、みんなに頼られる存

・人の流れをつくる。影響力のある人。あらわすならマイキー！
・ちょっとした話で笑ってくれる素直で優しい友達。
・男女関係なく話しかけてくれるノリ

・実行委員、副班長。いつもお世話になってる。
・ちょっとした話でもしっかり言ってることはとても面白い。来年も同じクラス希望

・声は小さいけどできる立派な人。
・なにも考えてなさそうだけど、やし、ものすごい良い人。
・実行委員、副班長。いつもお世話頭良い、運動〇、総合力No.1な人。

・人を気遣うことができる良い人。大

Chapter 3　いい雰囲気になる　温かい教室は，こうやって創る！　87

Section 6　クラスがまとまる！生徒の心を掴む思い出ムービー

動画編集は全くの未経験でしたが，子どもたちの喜ぶ顔が見たいのと，この先生すげえ！って思わせるためにあるタイミングで動画を作成してクラスで上映していました。無料のアプリでっていうのがポイントです（笑）

■ムービーの力って本当にすごくて，時には思い出に浸れるし，時にはモチベーションを高めてくれる。当時は意地でも無料アプリでなんとかやっていましたが，今となっては絶対有料のアプリ使った方が楽だったと思います（笑）

01　オススメの動画作成アプリ

■無料

【GoPro Quik】

写真さえあれば勝手にいい感じに動画を作ってくれます。
超優秀。忙しい先生にはとってもおすすめです。

【iMovie】

映画の予告編みたいな短編動画の作成時に活用。
いいね先生の Instagram で作り方動画もプレゼント中です。

■有料

【LumaFusion】

買い切りの動画編集アプリ。
これは使い方を勉強すれば，可能性はかなり広がります。

02 どのタイミングで作成・上映するの？

■学期始まりと学級懇談会

ここでは，**自己紹介ムービー**を映画の予告風で作成し，上映していました。これは iMovie で作成しました。1時間あれば完成します。これを流すだけで，子どもたちも「お〜！（なんだこの先生）」ってなって掴みはばっちりです（笑）

■学期終わり

ここでは，学期の振り返りムービーを作成しました。学期が終わる最終日に「あ〜，こんなことあったなあ」という感覚に浸れるムービーです。これは GoPro Quik で作成しました。**「このクラスで良かったな！」と思わせて長期休業に入ってもらうと次の学期のスタートにも繋がります。**

■行事前
　行事前はモチベーション動画を上映することで，クラスのまとまり，行事への想いが一つになります。すごい一体感が生まれる。

■番外編『保護者への感謝ムービー』
　中学３年生の担任をもった時に，子どもたちと「３年間ありがとう」を保護者に伝えるムービーを作るのはどうかという話になり，作成しました。班ごとに「ありがとう」を伝える動画を撮影し，繋ぎ合わせ，最後は先生からのメッセージを入れました。これを最後の学級懇談会で上映し，保護者の方々も涙しながら見ていました。涙の学級懇談会もなかなかよかったです。子どもたちのパワーってすごいなと改めて実感した瞬間でした。

03　子どもたちからのサプライズムービー

　先述の通り，自己紹介・体育大会・合唱コンクール・修学旅行・保護者への感謝など年に5本くらい作成していました。作りすぎかと思います（笑）
　中学3年生の担任をもった時，もうすぐ卒業という時期に驚きの事態が起きました。学活の授業で，いきなり教室のTVがついて，「先生への感謝ムービー」が流れ始めました。作成は生徒。10分くらいの大作でした。これは感動というか，「コイツらすごいな」という気持ちになりました。
　自分がやってきたことが，子どもたちにも伝わってたんだなっていうのを感じて，とっても嬉しかったのを覚えています。

島田先生の涙腺がそろそろ危ないのでここまでにしておきます

【参考文献】
- 愛知県公立小学校教諭　宮川勇作「ホワイトボード・スケッチブック」
- 東京都公立中学校教諭　内山治之「教室掲示」
- 川端裕介『豊富な実例ですべてがわかる！中学校生徒とつくる365日の教室環境』明治図書出版，2020年

Chapter **4時間目**

伝わる言葉掛け!
効果的な指導と
サポート方法とは?

Chapter 4 　伝わる言葉掛け！効果的な指導とサポート方法とは？

① 不登校の生徒へのサポート方法

- **01.** 一番大切なことは，仲良くなること
- **02.** こまめに会いに行く
- **03.** 先生自身が「学校が全てではない」という感覚をもつ
- **04.** 保護者の良き理解者となる
- **05.** 学校に来ていない生徒の友達と連携を図る
- **06.** 教室がいつでも受け入れられる環境を整える
- **07.** 不登校を未然に防ぐための方法

② 通りやすい！指示の出し方とは？

- **01.** 指示が通らないクラスはどうなる？
- **02.** 解決策 - その① - 『注目させる言葉掛けをする』
- **03.** 解決策 - その② - 『完全に静かになるまで待つ』
- **04.** 解決策 - その③ - 『仲間をつくる』
- **05.** 「え，じゃあ，待てないクラスはどうなるの？」

③ 学級経営や授業がうまくいくリーダーの育て方

- **01.** リーダーの育て方
- **02.** 頼りにしていることを伝える
- **03.** 対話の機会を多く設ける

④ 推薦合格率，93％！？どんな面接対策？

- **01.** まずはポスターを掲示
- **02.** どんな形式で行うの？
- **03.** 面接練習の進め方
- **04.** 合格率驚異の93％（15/16人中）
- **05.** - 番外編 -　いいね先生からのお守り

Section 1 不登校の生徒へのサポート方法

学校に来ることが目標じゃない。目標は「自分で考える力」をはぐくむこと。

■「学校に来させること」が目標になっている先生が多い印象があります。生徒が学校に来たら嬉しいのは，先生自身なんじゃないかなと思うこともあります。私も最初はそうでした。「どうしたら学校に来れるかな」と思ってたけど，生徒と関わっていく中で，「そうじゃないな」って思ったんです。

いいね先生なりの不登校支援方法をご紹介します。先生によって様々な方法があると思いますので，一つの例だと思って読んでみてください。

01　一番大切なことは，仲良くなること

言い換えれば，関係づくりです。信頼していない人の話ほど，心に響かないものはないです。**まずは信頼関係の構築**。私が仲良くなるためにやったことの例がこちらです。

- ■　生徒が好きなものに興味をもつ
- ■　生徒が好きなものについて徹底的に勉強する
- ■　一緒にゲームをする　等

私のクラスの学校に来ていないある生徒は，ゲームやアニメが好きでした。その生徒が好きなアニメを出退勤時にNetflixで全部観て，好きなゲームをダウンロードしてやりこみました。そうすると当然，話が合うようになります。話が弾みます。これが最初のきっかけです。「自分と話すためにこんなにやってくれたんだ」という信頼に繋がり，先生と話すことが楽しくなってきます。**仲良くなるスタートは，その子の気持ちに寄り添うことなんじゃないかなと思います**。

02　こまめに会いにいく

　忙しくとも週に１回は会いに行っていました。先生の仕事は本当にやることがあるけど，帰り道に顔だけ見に行ったこともあります。これを負担に思う生徒，保護者もいるので，ここは事前に聴いておいた方が良いと思います。本人，保護者の同意のもと，家に上がって一緒にゲームをしたり，公園でキャッチボールをしたり，お散歩したり…！
　スクールソーシャルワーカーの存在も頼りにしていました。

03　先生自身が「学校が全てではない」という感覚をもつ

　これは個人的に大事にしている考え方です。
　『中学校で不登校でも，何の問題もない。今後の人生どうにでもなる』
　「今，学校に来させなきゃ！」という考えは不要です。**やりたいと思った時，やりたいことが見つかった時に動けるようにバックアップすることが保護者，先生の役割かな**と思います。そう考えたら，先生も思いつめることもなくなります。動き出したくなった時の環境を整えてあげる。これに尽きます。ただ，それでは不安と感じる保護者の方もいると思うので，次のような配慮が必要になってきます。

04　保護者の良き理解者となる

　自分の子どもが不登校になってしまったら，保護者もとっても不安な気持ちになると思います。そこにしっかり寄り添う。話をいつでも聞ける環境を整える。理解しようとする。**保護者の心の安定が子どもの心の安定に大きく関わってくる**ので，保護者に目を向けることも大切だと私は思います。
　私の場合，家庭訪問をよくしていたので，保護者の方とも仲良くなりました。「しまちゃんきたよ～」って言ってるのが印象的でしたね（笑）

05　学校に来ていない生徒の友達と連携を図る

これもとても大切なアクションです。例えば…

- 最近の様子を聞いてもらう
- 学校に来ていない生徒の話（情報）を聞く
- 先生と一緒に家庭訪問をし，配布物等を渡してもらう
- 連絡帳を書いてもらう
- 放課後一緒に遊ぶ

　３年間担任した生徒で，週に一回特別支援教室に登校する生徒もいました。その生徒がとっても素敵で「クラスメイト全員に会いたい」と伝えてくれました。これはとっても嬉しかったですね。**この機会は逃したくない**と思い，毎週３人ずつ昼休みに特別支援教室へ連れていきました。彼にとっても，クラスの子たちにとっても，コミュニケーションをとる大切な時間になっていたなと思います。

06　教室がいつでも受け入れられる環境を整える

　いつ「登校したい」と思うか分からないので，いつでもウェルカムな雰囲気をつくっていくことも大切です。

- 席替えの時の配慮（仲の良い人を近くに配置しておく）
- 「よく来たね！」ではなく，「会えて嬉しい！」を伝える環境
- 学校に来れていない生徒の情報共有を日頃からクラスにしておく

などの受け入れる雰囲気です。その生徒の話はよくクラスでもしていました。例えば，朝の会の先生からのお話で，「この前，〇〇さんの家に行ってきました。元気で安心しました。最近は〇〇にハマってるらしいから，会う機会があったらそんな話もできるといいですね！」など，**大切なクラスメイトの一人ということを伝える機会**もよくつくっていました。

07　不登校を未然に防ぐための方法

　普段楽しそうに学校生活を過ごしている生徒が，急に休んだことがありました。心配で保護者に連絡をすると，「ちょっといっぱいいっぱいになっちゃったみたいです。」という話がありました。その話を聞いて，すぐに家庭訪問しました。玄関でお茶しながら1時間くらい話してたと思います（笑）話し終わった後はすごくスッキリした様子で，次の日から元気に登校しました。

　「あの子は元気だから，明日にはくるでしょ」という考えでいるのではなく，その日のうちにしっかり気に掛けてあげることが大切なんじゃないかなと思いました。**学校を休んだ日にどれだけ対応できるか**。このスピード感が大事です。

【不登校生徒へのサポート方法まとめ】
①仲良くなり，信頼関係を築くこと
②こまめに会いに行くこと
③「中学校が全てじゃない」という感覚をもつこと
④保護者の良き理解者になること
⑤仲の良い友達との連携を図ること
⑥いつでも受け入れられる環境をつくること
⑦「あの子は大丈夫」と決めつけないこと

Section 2 通りやすい！指示の出し方とは？

「指示が通るか心配…」「なかなか全体の指示が通らない…」
そんな先生におすすめの考え方と方法をお伝えします。

■教室での授業，体育の授業，学年全体を動かす場面など，先生は集団を動かすことが多いかと思います。そこで指示が通らないと，上手くいかないことが多いですよね…！何事も始めが肝心です。明日から実践できる取組なので，先生の学びに繋がればと思います。

01 指示が通らないクラスはどうなる？

話を聞けないクラスになる

　これに尽きます。「指示が通らない」＝「何をすればいいか分からない」
何を言ってるのか分からない人には不信感を抱きます。
　「先生が指示を出していても，数人でも話している子がいる」この状態で指示を出し続けてしまっている先生は，とても危険です。じゃあどうすれば？解決策は次のページにまとめました。

02　解決策－その①－『注目させる言葉掛けをする』

　最終的には，何も言わなくても，話が聴ける環境を整えることですが，まずは，「はいっ！注目してください」「はいっ！聞いてください」このように，**注目させてきっかけ**をつくりましょう。先生の指示の出し方，約束事が決まってくると，これだけで静かになります。そしたら，指示は圧倒的に届きやすくなります。でも，これだけで静かにならない場合はどうするの？

03　解決策－その②－『完全に静かになるまで待つ』

　これを徹底してやっていました。生活指導ができる先生は，

この「待ち」がうまい。

これを徹底できるか，できないかで決まると思います。特に始めの方は，「**完全に静か**」というのがポイントかと思います。静かになるまでというよりかは，話が聞ける状態になるまでという表現の方が正しいかもしれません。これを繰り返していくことで，習慣づいていきます。

04　解決策－その③－『仲間をつくる』

　これでも静かにならない子もいるかもしれません。そういう時は，先生のことを理解してくれている生徒を味方につけましょう。先生の味方を増やしていく。先生だけでいい雰囲気をつくっていくのではなく，子どもたちにも協力してもらいます。最終的にはその子も，味方にします。
なかなか言うことを聴かない子は，認めまくるのがポイントです。どんなに小さなことでもいい。こういった子は，認められ慣れてない傾向が多いので，「**この人は見てくれてる**」という想いにすることが大事かなと私は思います。

05 「え，じゃあ，待てないクラスはどうなるの？」

静かになりきる前に，先生が指示を出してしまうとどうなるか。簡単です。

「この先生，ちょっとくらいうるさくしても平気だわ！！」

こういう考え方をされます。だから，「**待つ**」ことが大切なのです。

> また，静かにするだけでなく，
> ■子どもたちの視線が集まっているか
> ■子どもたちの動きが止まっているか
> ■子どもたちが聴ける姿勢になっているか
> といった視点も大切です！！

特に，**4月の年度始まりが大切**だと思います。

一度，子どもたちに乗り越えられてしまうと，修復していくのが大変です。もうすでにそうなってしまっている先生は，自分だけで解決しようとせず，仲間の先生を頼りましょう。そして，仲間の生徒を少しずつ増やしていきましょう。一気に改善することは無理です。少しずつ少しずつ，先生と同じ方向を向いてくれる子を増やしていくことが解決の糸口かなと思います。

また，こういう時は「子どもの悪いところに目が行きがち」です。これは本当にマイナスでしかありません。このような雰囲気の時に，注意なんてされたら嫌だし，余計反発したくなりますよね。**こういう時だからこそ良いところに目を向けてあげる**。注意すべきポイントがあったのであれば，事象への注意ではなく，「先生は，こうしてくれると嬉しいな」という自分の想いをメッセージとして伝えてあげましょう。こういう小さな伝え方の積み重ねでクラスは変わっていきます。

Section 3 学級経営や授業がうまくいくリーダーの育て方

リーダーの存在って本当に助かります。
私のイメージは、ミニリーダーがいっぱいのクラスが理想です。

■絶対的なリーダーがいると、それはそれで大変助かりますが、頼りすぎてしまう傾向もありますよね。それだと周りが育たない気もします。**できるだけ多くの生徒の活躍の場をつくりたいし、そういう経験をしてもらいたい。**そのための仕掛けをお伝えします。

01 リーダーの育て方

とにかく経験が大切だと思うので、**「やってみる」場の設定**です。
■（生徒自身が）やり方が分からない場合：一緒に考えて、ヒントを出す。
■（生徒自身が）自分なりの考えがある場：とことんやってもらう。

具体的な例として、**「体育大会の選手宣誓をユーモアあふれる感じでやりたい」**と応援団長３人から話がありました。もう最高です。もちろん最終確認はしましたが、自由にやってもらいました。本番はとても笑顔とユーモアが溢れる選手宣誓となり、大盛り上がり。**「やりたい！」を大切にすると、リーダー性が磨かれます。**（選手宣誓の批判はあり、私も怒られましたが、関係ないです…笑）

02 頼りにしていることを伝える

　学級委員，班長，副班長，各行事実行委員，委員会，係など，様々な役割がある中で，一貫して伝えていることは，「**頼りにしている**」ということです。このような役割の生徒が，活発的に動ける環境さえあれば，どんどん成長していきます。それだけでなく，先生もだいぶ楽になります（笑）

　個別に呼び出したり，日記にコメントしたりして，「頼りにしている」「任せる」「失敗しても全然OK」「先生が何とかする」ということを伝えます。とにかく思い切って動ける環境だけ整えることがポイントです。

03 対話の機会を多く設ける

　学級委員や班長とは，よくクラスについて対話をしていました。基本的には日常のフランクな会話の中で話をします。

- 最近のクラスの課題について→具体策どうしたい？
- 授業前の１分前着席についてどう思う？　　　　　など

最初はこんな感じで問いかけます。これを数か月繰り返していくと…

『先生，最近１分前着席が徹底できていないので，
班長に協力してもらって，チェック表つけるのはどうですか？』

　「最高…！やろ！」生徒から出た提案は，基本『GO！』です（笑）この時に大切なのが，**その言動をきちんと褒める**こと。勇気をもった言動，良い言動を認められることが，次の活力への動機となります。

　ある生徒からこう言われたことがあります。『**先生がいつも「いいね！やろうよ！」って言ってくれるし，褒めてくれるのでやりたくなっちゃうんです**』

　改めて，認めてあげることって大事なんだなと思った瞬間でした。

Section 4　公立高校推薦合格率，93％！？どんな面接対策？

これは本当に驚きました…！初めて３年生担任をした時の面接対策。どんな取組をしたのかご紹介します。

■私自身も今までの人生において，たくさんの『面接』を経験してきました。高校推薦入試，JICAの選考試験，教員採用試験など，これらの経験から感じたことは，「場数をふむ」ことです。たくさん練習した方がいい。理由はシンプル。面接という場に慣れていないからです。今回の高校推薦入試に向けても，面接練習の機会をたくさん提供してみました。

01　まずはポスターを掲示

題して，『島田航大が教える面接対策講座』です！！！当時はCanvaの存在を知らなかったのでポスターはしょぼいですが…。このようにポスターを掲示して，参加者を募りました。決して強制ではありません。「やりたければいつでもいくらでも力貸します」スタイルです。

■朝（7：30〜）
■昼休み
■放課後（16：00〜）

約２週間毎日，上記のように，朝・昼休み・放課後の３部構成で実施しました。子どもたちの意欲も素晴らしくて，毎日予約がいっぱいになりました。「クラスを問わず，全員やります！」と３学年の面接対象者でやる気のある有志生徒を受けもちました。他のクラスの担任の先生も様子を見にきてくれたり，会場を分けてやってくれたり，その協力体制が本当に素敵だったなあって思います。**大変だったけど，一生懸命な人は応援したくなる**ので，とことん付き合います。どんな内容をやったかはこの後，紹介します。

■面接対策講座チラシ

いいね！塾 ○○校

島田航大が教える 面接対策講座

礼儀作法や面接内容の基本的実践練習！！
自分らしさを伝える自信が身に付く！！

1月16日(月)～

随時実施中

会場	○○中学校　2F学習室　など
対象	面接がある生徒のうち、やる気のある有志生徒
定員	なし
内容	・入退室の動作確認 ・面接実践練習 ・面接で伝えるべきこと

月	火	水	木	金
1/16 放:面接練習① ・論文※各自で書く	1/17 朝:面接練習② 放:面接練習③	1/18 朝:面接練習④	1/19 朝:面接練習⑤ 放:面接練習⑥	1/20 朝:面接練習⑦ 放:面接練習⑧
1/23 朝:面接練習⑨ 放:面接練習⑩ ・論文※各自で書く	1/24 朝:面接練習⑪	1/25 (放)前日指導	1/26 都立推薦入試 本番	

02　どんな形式で行うの？

　予約は早いもの勝ちです。毎日参加した生徒もいました（すごすぎ）。やればやるほど，伝えるのが上手になっていくのでおもしろいです。基本的には１コマ２人～４人で構成していました。他人の面接を見て，感想を伝え合うことも大事だし，先生には気付けない点も伝えられるからです。

03　面接練習の進め方

　まずは，入退室や礼儀作法を徹底的に練習します。第一印象が大事ですもんね。「普段の授業の挨拶から意識してごらん」と伝えると**授業の時，めっちゃいい姿勢でやってるので，可愛くてしょうがないです（笑）**

　これが終わったら，面接練習を繰り返します。時間的には１コマ１人１回しか練習はできないです。だから何回も予約を入れてくるわけです。

【ここが Point！】
- 面接の一連の流れをタブレットで撮影
- 撮影した映像と先生からのフィードバックシートをクラスルーム（１人１台タブレット端末）で個別送信
- 休み時間や家で振り返りをし，反省点を踏まえ，もう一度練習

【一連の流れ】
面接練習→自己評価→見ている生徒から感想→先生からフィードバック→映像と先生からのフィードバックシートで自主振り返り

　以上の流れを全員分やります。正直大変です（笑）でも，確実に力がつきますし，生徒が自信をつけます。友達同士で一緒に経験していくので，全員が成長を感じて，それを伝え合ってるのも愛おしいです。

04　合格率驚異の93％　（15/16人中）

今回の講座に参加した生徒の推薦合格者は，**16人中，15人**でした。
　いいね先生も驚きです！間違いなく，子どもたちが勇気をもってチャレンジしたからですが，さすがにこの結果には自分を褒めました（笑）
　いやあ，嬉しかったなあ！

05　−番外編−いいね先生からのお守り

　このお守りどうですか？デザインは友達が作ってくれました。たくさん揃うとヤバいですよね（笑）裏には，いいね先生からのメッセージつきです。大量印刷して，メッセージを書いて，ラミネートして，切り抜きます。筆箱に入れてくれる子もいれば，生徒手帳に入れてくれる子もいて，**少しでも一緒に戦ってるよっていう想いが伝わるといいなと思って作りました。**

Chapter 5 時間目

こんな取組あり？
特別感を生み出す
先生の技　3選

Chapter 5 こんな取組あり？
特別感を生み出す先生の技　3選

① 生徒が司会の三者面談
- 01. 従来の形（なんとなくバランスのとれた報告会）をやめよう！
- 02. 司会原稿
- 03. 三者面談（夏）の例
- 04. 生徒が司会をする利点は？

② 学期末はこう進める！大掃除を楽しむ方法　5選
- 01. 掃除場所をルーレットで決める
- 02. 新しい雑巾を一番汚した人選手権
- 03. メラミンスポンジを準備
- 04. テンションの上がる音楽を全開でかける
- 05. 「よーい，どん！」で始まる雑巾レース
- 06. 掃除のプロ！ダスキンの紹介

③ 中3担任が本気で取り組んだ卒業式の裏側　6選
- 01. 黒板アート
- 02. 一人ひとりに手書きの手紙
- 03. 動画作成
- 04. 全員分の写真立て
- 05. 最後の学級通信
- 06. 1年間書き続けたスケッチブック
- 07. 卒業式の日の流れ
- 08. 最後の授業（卒業式後の教室）

Section 1 生徒が司会の三者面談

 堅苦しい面談 → 柔らかく温かい面談へと変えられます。

■三者面談って少し堅いイメージはないですか？

　そんな先生へ。その雰囲気変えられます！**生徒が司会をやる三者面談で，雰囲気が変わります。**ここでは，生徒が司会をやることで，どのように変わっていくのかを紹介していきます。「生徒が司会？どうやるの？」っていう先生も多いと思うので，司会原稿もこちらに掲載しますね！いいね先生なりのポイントも記載していますので，ぜひチェックしていってください。

01　従来の形（なんとなくバランスのとれた報告会）をやめよう！

　ついつい，先生が一方的に学校での様子を褒め，保護者が一方的に家での愚痴を吐くといった面談をしていませんか？結果的に，「家庭と学校で様子を見ていきましょう」「ここが苦手なので，頑張りましょう」で終わってしまっていませんか？

　子どもに対して，『頑張れ』は優しさのようで，でも実は結構厳しい言葉になってしまうケースが多いです。「苦手なことを頑張る」って心が相当強くないとできないと思うんです。

　なので，面談は，**『生徒なりの頑張る仕組みを考える場』**となれば最高です。「10個中３個でもできたら自分を褒めるようにしていこう」とハードルを決める。10個のイメージは次のページをご覧ください。

※ここまでできれば理想ですが，生徒が司会をするだけでも十分です。司会をするとどう変わるかに関しては，02.司会原稿　から紹介していきます。

Chapter 5　こんな取組あり？　特別感を生み出す先生の技　3選　111

■頑張る仕組みを10段階に分ける

【例１】　教科の提出物を期限までに出せるようになりたい生徒
①提出物が何かを把握している
②提出物を家に持って帰っている
③いつまでに提出をすればいいかをメモしている
④期限が迫っているものを机の上に出して開く
⑤取り組めそうなところだけ取り組む
⑥１項目だけ取り組む
⑦時間があるだけ進める
⑧期限の当日までに，提出物を終える見通しが立てられている
⑨期限の当日までに，提出物を終えることができている
⑩期限の前日までに，提出物を終えることができる

【例２】　自宅学習の習慣をつけたい生徒
①１分でも勉強をしようという意志をもつ
②勉強したい教科の教材を開く
③教材を眺める
④10分間，勉強ができる
⑤10分間の勉強を１週間に３日間できる
⑥10分間の勉強を２日連続でできる
⑦１日の勉強時間を自分のやれそうな時間に伸ばす
⑧「勉強が続けられたという実感」が少しだけもてる
⑨決めた課題が終わらなくても，学び（成長）があったと思える
⑩自分が決めた時間の勉強を週に３日間できる

　このように目標をクリアしやすいものに設定する。これがあるだけでとってもいい時間ですね！かつ，褒めるハードルを低くして，自分を褒める機会を増やし，保護者に褒められる機会が増えれば，最高です。

02 司会原稿

　いいね先生が実際に使っていた原稿です。三者面談は子どもが仕切ります（笑）こうすることで，**一方通行の面談にならない**です。下図のように司会原稿もあるので，子どもたちも困りません。子どもが司会をやる利点も以下述べていきます。

三者面談　司会原稿

これから、三者面談を始めます。よろしくお願いします。
最初に1学期を振り返って、頑張ったことや課題を言います。
まず、学習面で1番頑張ったことは（　　　　　　　）です。
次に、生活面で1番頑張ったことは（　　　　　　　）です。
自分の課題（これから頑張りたいこと）は（　　　　　　　）です。
また、3年B組は（　　　　　　　　　）なクラスだと思います。
最後に夏休みの決意を言います。
夏休みは（　　　　　　　　　　　　　　　　　）。

私からの振り返りは以上です。
それでは、いいね先生よろしくお願いします。
（先生の話が終わったら…）
【お母さん or お父さん or ○○さん】いつもありがとうございます。
では、【お母さん or お父さん or ○○さん】からお願いします。

以上で三者面談を終わります。ありがとうございました。
　　　　　（拍手）せーの！　いいね！

03 三者面談（夏）の例

【中学2年生の場合】
■生活・学習の振り返り
■夏休みの過ごし方や学習の進め方について
　振り返りを子どもにしてもらいながら，先生が子どものいいところを保護者にしっかり伝えてあげます。＋αで1年後の『今』はどうありたいかについても少し触れていきます。

【中学3年生（受験生）の場合】
■生活・学習面の振り返り
■今後の進路決定に向けた現時点での本人と家庭の意向の確認
　子ども任せ，親任せではなく，**家庭で一緒に考えていくことが大事**ということは伝えます。「困った時には，いつでも聞きます」ということを伝えるのも大事かなと思います。これに加え，忘れてはいけないのが，**子どものいいところを伝えてあげること**。親の前で褒められるってやっぱり嬉しいものです。

04 生徒が司会をする利点は？

- ■ 三方向（子ども・保護者・担任）からの面談になる
- ■ 子どもが発信する機会がつくれる
- ■ 保護者に，子どもと先生の関係性を知ってもらえる
- ■ 司会を子どもがやってくれるから，楽（笑）
- ■ 子どもが保護者に感謝の言葉を伝える場面をつくれる
- ■ 雰囲気が明るい面談になる
- ■ 質問に答える力ではなく，何を話すかを主体的に考えられる

Section 2 学期末はこう進める！大掃除を楽しむ方法　5選

面倒に思うことが多い『大掃除』すらも楽しくやろう！という作戦です。

■だいたい学期末に大掃除ってありますよね。「大掃除」と聞くと，面倒くさがる生徒も多い気がしたので，**「大掃除さえも楽しんじゃった方が良くない？」**と思って考えて実践してみました。『どうせやるなら，楽しもう』精神です！5つに絞ってまとめてみたので，ぜひ活用してみてください。

01　掃除場所をルーレットで決める

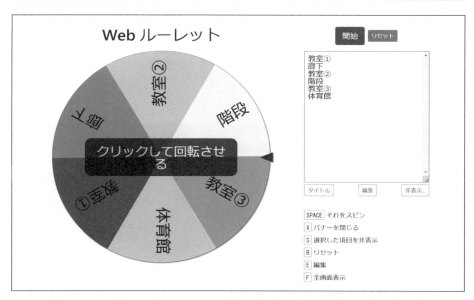

　これは安定に盛り上がりますね（笑）作成もとっても簡単です。『ルーレット　作成』と検索してみてください。あとは，清掃場所を入力するだけで完成です。ルーレットは即席でも作れるので，他の場面でも活用できそうですね！

Chapter 5　こんな取組あり？　特別感を生み出す先生の技　3選　115

02　新しい雑巾を一番汚した人選手権

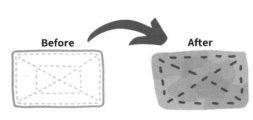

　年度当初に雑巾を回収していたので，このタイミングで雑巾を新品にし，新品の雑巾を汚すためにあらゆる場所を掃除します。「**あっ！あそこの埃ヤバそう！！**」に気付けるかどうかです（笑）少しはやる気 UP に繋がるかなと思います。ポイントは，**自ら気付くこと**です。

　上の左側の画像は机が１ミリもズレないように整頓している子たちの写真です。この細部へのこだわりが素晴らしい。

03　メラミンスポンジを準備

　掃除といえば，メラミンスポンジ。普段の掃除では落ちないところをメラミンスポンジだときれいに！きれいになるって気持ちいいし，これに関してはこだわり出す「名人」が誕生することもあります（笑）その頑張りがまた素晴らしい！

　こういういつもの掃除とは違う道具があると少しやる気になることもあります。黒板掃除用に水切りワイパーもなかなかグッドです。

04 テンションの上がる音楽を全開でかける

　ワイヤレススピーカーは学校に必要不可欠と思ったりもします。大掃除でも必須アイテム。今どきの曲を流しながら掃除をすると，もはや「カラオケ状態」です（笑）シンプルに音楽があると心も弾みますよね！動き出す子もいるし，それはそれで楽しいもんです。「踊りながらでもいいから，手動かすぞ～！」って言葉掛けします（笑）

05 「よーい，どん！」で始まる雑巾レース

　これに関しては，勝手に始まりました。「雑巾レースやろうよ」なんて一言も言っていません（笑）何事も『遊び化』したら楽しくなります。子どもたちの発想力に拍手。体育館掃除，廊下掃除の子たちが戻ってきてからやるようにしてあげれば，みんなでできていいのかもしれませんね！

06 掃除のプロ！ダスキンの紹介

　合言葉はこれです。『ダスキンになろう。』
　「掃除を仕事にしている人たちがいるの知っていますか？」と問いかけて，ダスキンの紹介をします。掃除のプロを目指そうというモチベーションを大掃除で発揮します。一流になるためには，一流を知ること・一流に触れることが大切かなと思います。

【大掃除を楽しむ方法　まとめ】
①掃除場所のルーレット
②新しい雑巾を一番汚した人選手権
③メラミンスポンジ名人の発掘
④テンションの上がる音楽全開
⑤雑巾レースの開催
⑥掃除のプロの紹介

■大掃除翌日のホワイトボードメッセージ

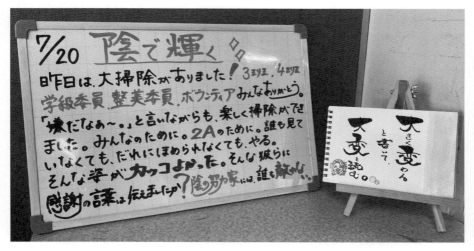

Section 3　中3担任が本気で取り組んだ卒業式の裏側　6選

特にこんなことしなくても今までの積み重ねがあったので，いい卒業式になるとは思っていたけど，色々やりたくなっちゃったんです。子どもたちもとっても喜んでくれたし，自分も本当に幸せな一日でした。

■初めて中学校3年生の担任をもった時の，卒業に向けての取組を6選に絞ってお話します。子どもたちが本当に大好きで，心にも形にも残るものにしたいなって思いました。この6つ全部はやりすぎだと思うので，何か1つでも先生と子どもたちの思い出のスパイスになれば，幸せです。

01　黒板アート

　先ほども登場しましたが，制作時間なんと3時間（笑）卒業式の日。**教室に入って何があったら嬉しいかなと考えた時に，最初に出てきたのが黒板アートでした。**黒板アートの描き方は，いいね先生のInstagramに載っています。

Chapter 5　こんな取組あり？　特別感を生み出す先生の技　3選　119

02　一人ひとりに手書きの手紙

　クラスの37名分，一人ひとりに手紙を書きました。3年間担任した学年だったし，想いを伝えきれなくて…。子どもたちからも手紙をたくさんもらって嬉しかったです。**想いが伝わる手書きの手紙ってめちゃくちゃいいな**って思います。この執筆を機に読み返します。多分泣ける（笑）ここだけの話，手紙を書き終えたのは卒業式当日の朝でした。危ない危ない（汗）

03　動画作成

　各学期終わり，行事前（または終わり），年度の終わりなど，事ある度にクラス動画を制作してきました。まとめ動画は，やはり生徒の反応がいいし，こちらの想いも伝わりやすい。驚いたのは，生徒たちが私に10分くらいの動画を作ってきてくれたことです。その心に震えたし，**「心から幸せだな」「先生って本当に素敵な仕事だな」**って感じる瞬間でした。

04　全員分の写真立て

　卒業記念品になればなと思って写真立てを用意しました。100円ショップを6店舗回って38個購入（←ちゃんと自分の分も入ってる笑）。これも教室に入った時に，生徒の机に置いておきました。今でも職場に置いてます。

05　最後の学級通信

　この年の学級通信の最終号は第26号でした。学級通信は強制ではないので，『自分が書きたい時に書く』『これは文字としても伝えておきたい』という時だけ書くようにしていました。

　「書かなきゃ！」ってなっちゃうと，精神的にもきついので。上記のように，自分で約束を決めると苦でも何でもないです。

　さて，卒業式の時に渡した最終号は，次のページに掲載しておきます。
ホワイトボードメッセージがいいね先生っぽいかなと思ったので，学級通信もホワイトボードメッセージ風にしてみました。

■最後の学級通信

2023年3月17日（金）　市立○○中学校　3年B組　学級通信「BE BEST SMILE」第26号

第26号
市立○○中学校
発行3年B組担任 島田武大

3年B組学級目標
KING OF SMILE
〜にっこり王に俺たちはなる〜

3/17 みんなの担任でよかった

これが最後のホワイトボードメッセージです。"少しでも君たちにとって薬になれば…"という想いで、毎日欠かさず書いてきました。そんなメッセージも、今日で最後。
"明日から、この教室にみんながいないのか"と思うと、さみしすぎて、やっていける気がしません。それくらいみんなからパワーもらってるし、みんなが大好きだし、みんなが私の元気の源でした。心から、ありがとう。
力を合わせて、たくさん賞をとった体育大会、やっといった修学旅行、賞はとれなかったけど、間違いなく金笑だった合唱コンクール、みんなでのりこえた受験というプレッシャー、笑顔があふれた日々の生活、日本一の教室掲示…。みんなとの思い出は、あげたら きりがないです。なにげない日々も、すべてが貴重で大切な思い出です。みんなの成長が、ほんとにほんとに嬉しくて。こんな想いにさせてくれてありがとう！みんなの担任でよかった。
4月から、それぞれの道へ進みます。○○中で経験したことを次のステージで飛躍させていってください。その前に、今日の卒業式。最高の笑顔でおわろう。

06　1年間書き続けたスケッチブック

　ホワイトボードメッセージの横にあったスケッチブックは，毎週月曜日に更新していたので，年間約40枚になります。37人学級なので，ちょうど一人1枚配れるようになっていますので，卒業式の日にランダムで子どもたちにあげます。10年後とかに，「先生こんなことやってくれてたよな」ってなってくれたら嬉しいなという自己満足でもあり，**『人のために動ける，温かい人になってほしい』**というメッセージでもあります。このメッセージが伝わったら相当すごいです。

　こんなところで『中3担任が本気で取り組んだ卒業式の裏側6選』終了です。卒業式での小話，6選のまとめもこの後載せておきます。

07　卒業式の日の流れ

　卒業式の日は，学年主任の意向もあり，学年団の先生全員が和装で挑みました。学年の先生もすごくいい雰囲気でとっても好きでした。
【生徒が来るまでの準備】
AM 5:30　学校の最寄り駅で和装にチェンジ
AM 6:30　学校で朝食＆教室に置いておくものの仕上げ（上記の6選）
AM 8:00　今まで作成した動画をクラスで上映（流しっぱなし）

卒業までにやること🌸

- ✓ 学級通信
- ✓ 手紙
- ✓ 写真立て
- ✓ 動画
- ✓ 黒板アート

08 最後の授業（卒業式後の教室）

卒業式が終わり，最後の授業を教室で行いました。

『今までたくさん伝えてきたから，
　　　伝えることはもうないです』

ってありきたりかもしれないけど，そんなことを伝えました。

　その後，「本当にみんなが大好きで…」「明日からみんなに会えなくなると思うと…」みたいな話をしていたら，もう笑いながら号泣。みんなもその姿を見ながら笑いながら号泣。学級目標が『KING of SMILE〜にっこり王に俺たちはなる〜』で，笑顔を大事にしていたクラスだったから，自分たちらしく終われた最後の授業でした。めちゃくちゃ大変なことがあった1年でも，この日で報われる。**こんなに心を動かされて，泣ける仕事ってないなって心から思うし**，先生を上回る仕事ってないなって心から思います。

124

■卒業式の日は日直がいなかったので，私が日直日誌を書きました…！

3月17日 金曜日	天気 くもり(心は晴れ)	気温 過ごしやすい	℃	記載者		担任印 '23.3.17	学級日誌
在籍 36名	出席 36名	欠席 0名	遅刻 0名	早退 0名	転入者名／転出者名		

区分 氏名	欠席者	遅刻者	早退者	見学者
	初めての全員出席	第2部の卒業式も無事に終わりました。		

時	教科	担任	学習内容	課題又は宿題
1	卒業式	先生	一日の流れの確認	ルフィの黒板アート
2		先生	入場	ゆっくり歩く堂々と！
3		先生	卒業証書授与	とアイコンタクト
4		先生	別れの言葉・合唱	「旅立ちの日に」「大切なもの」
5		先生	退場	r 泣いてる？
6		先生	最後の学活・学級委員より・担任より	涙あり 笑顔あり
7	全学年の	先生	歓送	写真撮影

H・R（学級活動）　　　伝達事項

卒業おめでとう

記事：
私にとっても、忘れられない一日になりました。
卒業証書授与の時、呼名をしたあとに目を合わせてくれて、嬉しかったな。
堂々としていて、かっこよかった。本当、成長したなぁって、心があたたかくなりました。
別れの言葉と合唱もとっっってもよかった。一生懸命が伝わってきた。退場する時、「みんな大好きだなぁ」と思いながら、みんなの前に立ったら、涙おさえられなかった。
教室でも泣きながら、笑いながら話したね。
こんなに素敵な想いにさせてくれてありがとう。出逢えてよかった。大好き

清掃状況・その他：ルフィの黒板アートは、一人できれいに消しました。

先生より：**最高の日々をありがとう。**

【参考文献】
・東京都公立中学校教諭　中澤幸彦「三者面談の考え方」
・川端裕介『豊富な実例ですべてがわかる！中学校クラスが輝く365日の学級通信』明治図書出版，2018年

Chapter 6 時間目

これが意外と大事！
授業以外の時間の
過ごし方は？

Chapter 6 これが意外と大事！
授業以外の時間の過ごし方は？

① 空き時間の使い方
- 朝学活後の数分を大事にする
- 他の先生の授業を見学する
- デイリーライフ（生徒の日記）へのコメントを書く

② 給食の時間の使い方
- 給食もコミュニケーションの場

③ 昼休みの時間の使い方
- 教室遊びと外遊びをバランスよく移動する

④ 掃除の時間の使い方
- まずは大人が示すこと

⑤ 放課後の時間の使い方
- クラス・部活動・委員会・行事の準備等で生徒，先生と関わる

Section 1 空き時間の使い方

この時間をどう使うかがスムーズな一日を過ごすカギ！
人は心に余白があると優しくなれます。心の余白をつくり出すには，時間の余裕も大切。この空き時間を有効に使っていきましょう！

朝学活後の数分を大事にする

　朝学活はなるべく早く終わらせて，色んな子どもと関わる時間をつくっていました。1時間目に授業があるとなかなか時間はないですが，その数分でなるべく関わります。関わり方は難しく考えなくていいです。「あのアニメみたよ！」「休み中なにしてたの？」「今日○○あるから，一緒に頑張ろうね」**関わる時間をつくることが大事**かなと思います。

他の先生の授業を見学する

　ここには2つの意味があります。
(1) 子どもたちのいつもとは違う一面に出逢うチャンスがある
(2) 先生の授業を見て，自分の授業に還元できる

　子どもたちのいつもと違う一面に出逢うことで，生徒理解に深みが生まれます。また，「先生が授業見にきてくれた」と思ってくれる子がいることも見学に行く意味かなと思います。**「先生はみんなのことが大好きだ！」ってことを行動で伝えることも結構大事**なのかなと思います。

デイリーライフ（生徒の日記）へのコメントを書く

　「働き方改革」という言葉をよく耳にして，こういうところは削っていきましょうって言われることもあるけど，個人的にはここでのコミュニケーションは欠かせないポイントでした。空きコマ1時間を使って，37人分のコメントを書いていきます。

『なんでここにこだわるか』

　生徒の日記には，**色んな「感情」が書かれていることが多いから**です。「この前の土日の大会で負けて悔しかった」「昨日友達と遊んで楽しかった」こういう感情に共感をすることが，**心を開く一歩に繋がる**と思っています。他にも相談，提案，意味の分からない絵など，色んな事が書いてあります。すべてが関わりをつくるきっかけになるのです。

　コミュニケーションを深めていきたいなら，ここは外せないです。

デイリーライフ（生徒の日記）へのコメント例❶

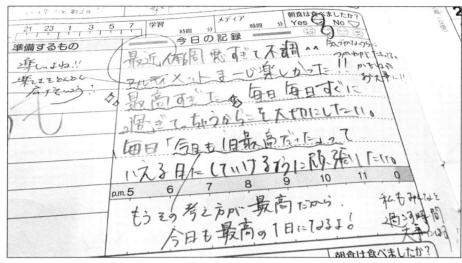

デイリーライフ（生徒の日記）へのコメント例❷

Chapter 6　これが意外と大事！　授業以外の時間の過ごし方は？

📷 デイリーライフ（生徒の日記）へのコメント例❸

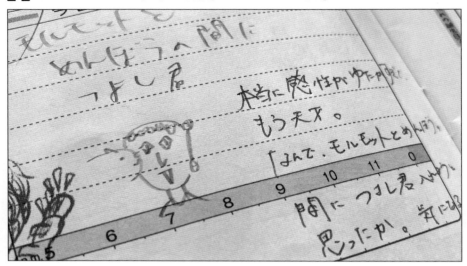

📷 デイリーライフ（生徒の日記）へのコメント例❹

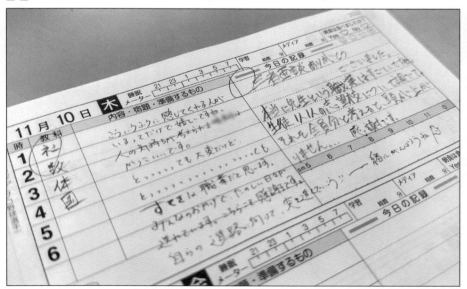

Section 2 給食の時間の使い方

給食当番と一緒に配膳する！ここもコミュニケーションの場。

■中学生だし，もちろん自分たちだけでもできるけど，目的はそこじゃない。**「一緒にクラスを創る」**という感覚を常にもってやっていました。だから，当番の子と一緒に配膳もするし，片付けもする。「やってあげる」ではなく，**「一緒にやる」**です。ここで給食当番の子とも話す機会もつくれるし，そこをおろそかにしなかったことが良かったのかなと思います。

Section 3 昼休みの時間の使い方

校庭にも行くし，教室にいる時もある。要は昼休みも子どもたちと関わる。

■体育委員がボールの貸出をやっていたので，外に行くことも多かったですが，教室にいる子たちのことも忘れてはいけません。外に行って一緒に遊ぶのも大事だけど，教室にいる子たちとの関わりも大切にしたかったので，教室にいることも多々ありました。
【校庭】色んな遊びをしているから，とにかく色んなところに混ざる　等
【教室】ボードゲーム・お話・宿題に一緒に取り組む　　　　　　　等
※2年生の担任をした時に，「女子会しましょう」って誘われて，昼休みに恋バナする時もありました（笑）「私，男子なんですけど…（笑）」

Chapter 6　これが意外と大事！　授業以外の時間の過ごし方は？

Section 4 掃除の時間の使い方

担任が誰よりも掃除にこだわると,子どもたちも細かいところに気付ける人になっていきます。

■大人がまずは示すことが大事です。「掃除をなかなかやらないんです」ではなく,自分がその姿を示してあげる。掃除は結構細かくやりました。「細部にこそ神は宿る」という言葉もありますが,こういうところからも**子どもの気付ける力を身に付けることができます。**

掃除をしながら,他愛のない会話をすることも大切にしていました。関わりは自分からつくろうとすれば,つくれるのです。いいところを見つけるチャンスも,どこにでも転がっていますので,見逃さないように。

掃除に関して,素敵な感性をもっている生徒がいたので紹介

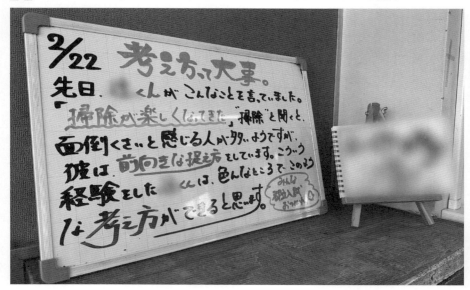

Section 5 放課後の時間の使い方

クラスでの取組・部活・委員会・行事の準備等　で先生・生徒と関わる。

■帰り学活後はすぐに教室を空けるようにはしていましたが,「教室の掲示物やります！」「(体育大会) リレーの走順決めたいので少し残ります」などと言って,教室で作業する子どもたちがいる時もありました。ここでの**子どもたちと関わる時間がとっても好き**でした。こういう時間を大切にしていたからこそ,関係がうまくつくれたのかもしれません。ただ,早く帰りたい気持ちもあったので,時間を決めて取り組むように伝えていました。

今思えば,放課後は,生徒会担当・体育委員・野球部顧問・保健体育科主任・生活指導・行事の担当・不登校支援・授業づくり・クラスづくりなど,本当にやることがたくさんあったなあと思います。早く仕事を終えるためには,**To Do List** 必須です。意外とここができておらず,永遠と仕事をする先生も多いです。私も初めはそうでした。見通しをもつようにすることをお勧めします。

教室掲示に取り組もうとする子どもたち

Column

放課後

ちょっとためになる！？
いいね先生の
実話小話集

Column | いいね先生の実話小話集❶
通勤時間の使い方

　先生1年目の頃の話です。子どもたちと関わっていて感じたこと。それは，

『アニメ好きな子が多いなあ！！』

これです。私の子どもの頃の人生は，基本的に野球に注いでいたので，アニメや漫画はほとんど知識0でした。

　「逆に，アニメに詳しくなれば，関係づくりの一歩になるかも…！」

　そう考えた私は，通勤時間の90分を利用し，アニメを見まくることにしました。まずは，NetFlixを契約しました。アニメ1話で約20分。それを1.5倍速で観ていたので，15分かかりません。つまり…

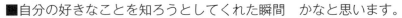

90分（通勤時間）÷15分（アニメ1本）＝6本（見れる本数）

行き，帰りで考えると，**1日あたり，12話**進められます。

結局子どもたちを含めた人が心を開く瞬間は，
　■自分の興味のあることを知っていた瞬間
　■共通点があった瞬間
　■自分の好きなことを知ろうとしてくれた瞬間　かなと思います。

私は，このアニメの力で，明らかに子どもたちとの関係が良好になりました。

Column | いいね先生の実話小話集❷
オススメする手帳の使い方

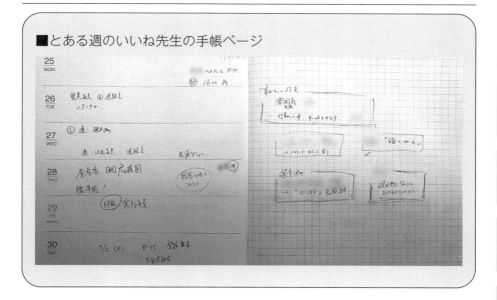

■とある週のいいね先生の手帳ページ

■左側ページ
- 1週間の流れや行事，クラスへの連絡事項，自分の To Do List を記入。
- 誕生日の子を祝い忘れないように年度初めに全員分記入。

■右側ページ
- 褒めるポイント，素晴らしいコメント等が見つかった瞬間にどんどん記入。
  【例】○○さん：みんながやりたがらないことでも，率先して取り組んでいた。
     ○○さん：自分で気づいてプリントを自ら配ってくれた。
     ○○さん：作文『過ごし方を見直す』と意志が感じられた。
     ○○さん：「言葉遣いを心掛けよう」という言葉掛けをしていた。

Column | いいね先生の実話小話集❸
誰よりもデカい声であいさつする

　心のこもったあいさつがお互いにできたら，気持ちいいと思うんです。『デカい声』と書きましたが，声の大きさは人それぞれでいいと思います（笑）
　私は，こんな時に大きな声であいさつをします。

- 自分が職員室に入るとき
- 職員室にいて，他の先生が出勤されたとき（人が来る度にします）
- 朝の職員打ち合わせのとき
- 朝学活のあいさつのとき
- 授業の始まり，終わりのあいさつのとき
- 全校朝会のあいさつのとき　など

　「あいさつをしよう！」って言っている大人がまず示さないといけないと思います。この考えは他のことでも言えます。まずは，教員が『率先垂範』です。

　誰しも，**「こういう風になってほしいな」「こういうクラスにしていきたい」**という想いがあると思います。そのハードルを決めているのは自分です。自分で決めたハードルなのに，それができていないとイライラし，子どものせいにする。これは違うと思うんです。

　「なってほしい姿」を伝え続け，「なってほしい姿」を自分が示す。**先生である前に，カッコいい尊敬できる一人の大人でいよう**と思って，接することが大切なのかもしれませんね。

Column いいね先生の実話小話集❹
学級通信を書くのが好き！

■基本は新聞形式

■手書き Ver. の学級通信

中学校生活の8/9が終了

一瞬に生きる
今という瞬間をどう生きるか

あっという間に2学期が終わってしまいました。大きなイベントとしては合唱コンクールがありましたが、何気ない日々も充実していて、みんなと過ごす時間が本当に楽しかったです。受験という大きな目標がある中で、一つのチームとして、一緒に戦っていく雰囲気がとても好きでした。長距離走の授業のときにも話をしましたが、辛いときこそ、仲間の存在が大きいと私は思います。一人では苦しくても、仲間がいるから頑張れることもたくさんあります。大変なときでも、苦しいときでも、仲間がいると思えるパワースポットにしたいと思っています。これからも、笑顔、思いやり、あたたかさのあふれるクラスをつくっていこう。
さて、明日から冬休みです。自らの進路に向けて、最高の準備をしていこう。自分次第ですが、みんなに会えないのは寂しいですが、今よりもっと大きくなったみんなに会えるのが楽しみです。

3Bにいると元気が出る

Photograph

第22号
市立　　中学校
発行3年B組担任　島田駿太

3年B組 学級通信
KING OF SMILE
〜にっこり笑顔たちはなる〜

率先垂範

Column　いいね先生の実話小話集❺
行事の取組（合唱コンクール編）

　私自身が行事大好きマンだったので，子どもたちに引かれない程度に熱量もってやりました！（笑）体育大会も色々やったけど，今回は合唱コンを取り上げますね！

■みんなで作った教室掲示

■生徒が考えた練習見通し

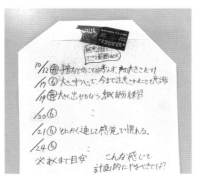

■生徒一人ひとりに写真付きメッセージカードと御守り
　全員分作るのほんと大変でした（笑）当日渡して，喜んでくれました。

■合唱コンクール翌日のホワイトボードメッセージと黒板メッセージ

■実行委員の2人へクラスメイトからの感謝のメッセージブック（写真付き）
　学級委員を中心にメッセージを集めてもらい，メッセージブックを作成します。「頑張った人は報われるべき」と思うし，「頑張って良かった」という経験にしたかったので，この取組をしていました。

Column　いいね先生の実話小話集❻
教員生活で大変だったこと

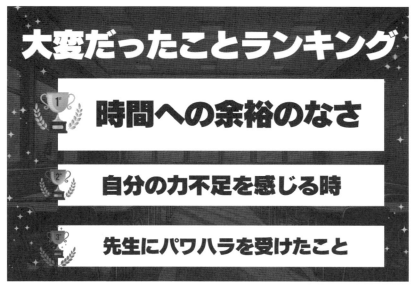

　色んなことがありすぎて，決められないけど，時間の余裕は心の余裕にも影響しますよね。常に「今日を精一杯生きてる」って感じ（笑）あとは，他の先生と比べちゃったり，授業がうまくいかなかったり，伝えたいことを伝えられなかったり…。こんな本を書かせてもらっていますが，うまくいかなかった経験も数えきれないです。割と前向きな性格ですが，落ち込む瞬間も結構あるんです。

　パワハラはきつかったですね。経験したことないことを任されたのにも関わらず，子どもたちの前で怒鳴りつけられたり，放置されたり…。

　でも，大変だったからこそ，今があるような気もしています。「大変」とは，『大きく変わる』と書きます。ただし，無理はしないでください。私は思いきって4日間くらい休み，周りの人に助けてもらいました。感謝。

Column

いいね先生の実話小話集❼
教員生活で嬉しかったこと

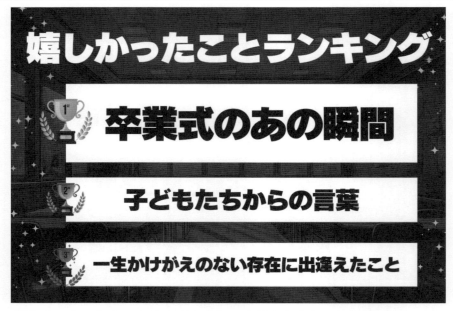

嬉しかったことも，ありすぎますね。子どもたちと一緒に成長できて，子どもたちの成長を近くで感じられて，**こんなにも一緒に泣ける仕事って他にない**と思います。**本当，先生っていい。大変だけど，絶対最高の仕事**だと思います。

　3年間もった学年の卒業式。ほんとに，意味が分からないほど泣けました（笑）「みんなと一緒にいられなくなっちゃうんだ…」ここまで想わせてくれた子どもたちに本当に感謝です。手紙とかメッセージも大切にとってあって，いつ見てもあの頃を思い出すことができます。幸せです。**卒業してからの成長も見られるのも先生の魅力**の1つだと思います。と，いった意味で，「一生かけがえのない存在」と書いてみました。彼らが大きくなって，一緒にお酒飲みながら，当時のことを振り返る日が，私の楽しみです。

146

Appendix

限定特典

あると役立つ！
便利データ集

| Appendix | あると役立つ！
便利データ集 |

【プレゼント】 QRコード読み取りでもらえる特典

❶『学級開き PowerPoint』

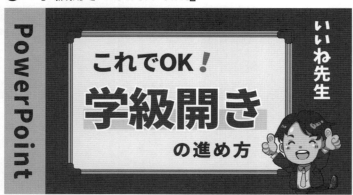

読み取りは
コチラから！
↓↓↓↓↓↓

❷『生徒が司会の三者面談司会原稿』

読み取りは
コチラから！
↓↓↓↓↓↓

❸『厳選！ホワイトボードメッセージ集』

コチラから！
↓↓↓↓↓↓

❹『自己紹介動画の作り方』

コチラから！
↓↓↓↓↓↓

❺『班長調査用紙』

コチラから！
↓↓↓↓↓↓

Appendix　あると役立つ！　便利データ集

❻ 『保護者会アンケート』

読み取りは
コチラから！
↓↓↓↓↓

❼ 『自己紹介カード』

読み取りは
コチラから！
↓↓↓↓↓

　さて，ここまでに7つの特典を用意しました。「学級経営 PowerPoint」は，編集可能な PowerPoint 資料として用意しようと思いましたが，『ご自身で個性のある資料にしてもらいたい！』という想いから，PDF 仕様にしています。
　その他の資料に関しましても，一部を除いて PDF の資料となっています。ぜひ，この購入者限定特典をダウンロードしていただき，ご自身で資料を作成してみてください。少なからず，ヒントにはなると思います。
　まずは真似からで OK！そこから自分色に変えていってください。

おわりに

　さて，本書を通じて，あなたはどんな教室を創り上げたいと思いましたか？

　「クラス満足度100%の学級経営アイデア─笑顔あふれるクラスへの仕掛け─」 があなたの心にどれだけの影響を与えたのか，想像するだけでワクワクします。

　この本に紹介されたアイデアは，どれも実践的でありながら，先生自身が新たな視点を得るための「種」でもあります。その種を育てるのは，先生自身です。先生がワクワクしていたら，子どもたちもワクワクしていきます。**これを読んだあなたが，「先生」に少しでもワクワクしたのなら，私がこの本を執筆した意味が大きくあります。**『先生を楽しむ方法』を多くの先生に広げていきたいなと思います。

　本当に毎日がチャレンジであり，時にはうまくいかないことも，もちろんありました。**「どうすれば彼らの成長，気付き，学びに繋がるかな」「居心地のいいあたたかいクラスにしていくにはどうしたらいいかな」**って日々考えました。

　このページを閉じるとき，あなたは新たな気付きやヒントを手に入れ，さらにワクワクして教壇に立つことでしょう。そして，何よりも重要なのは，先生が自分のスタイルでクラスを楽しむことです。子どもたちは，その楽しさと情熱を感じ取り，自然と笑顔になり，成長していきます。

　さあ，次はあなたの番です。教室という舞台で，あなたらしい教室創りを楽しんでください。未来は，先生がこの瞬間に踏み出す小さな一歩によって，輝き出します。この本が，あなたの旅路の一部となり，学級経営の新しい可能性を広げる手助けとなれば幸いです。

 　　いいね先生

【監修者紹介】
樋口　万太郎（ひぐち　まんたろう）
1983年大阪府生まれ。中部大学現代教育学部准教授。大阪府公立小学校，大阪教育大学附属池田小学校，京都教育大学附属桃山小学校，香里ヌヴェール学院小学校を経て，現職。「子どもに力がつくならなんでもいい！」「自分が嫌だった授業を再生産するな」「笑顔」が教育モットー。オンラインサロン「先生ハウス」主催。

【著者紹介】
島田　航大（しまだ　こうだい）
元東京都中学校公立教員。初任からの３年間，通級指導学級，特別支援教室を経験。その後，中学校で学級担任を務め，「満足度100％の笑顔溢れるクラス」を子どもたちとともに創り上げた。現在は日本体育大学で職員をしながら，集団行動の指導，教員を目指すゼミ生への講演等を行っている。通信制高校サポート校 Loohcs 学院アンバサダーとしても活動中。

■ Instagram（@ iine.teacter_kdi）
いいね先生として，『先生を100％楽しむ』方法を発信。

クラス満足度100％の学級経営アイデア
笑顔あふれるクラスへの仕掛け

2025年２月初版第１刷刊　監修者　樋　口　万　太　郎
　　　　　　　　　　　　Ⓒ著　者　島　田　航　大
　　　　　　　　　　　　　発行者　藤　原　光　政
　　　　　　　　　　　　　発行所　明治図書出版株式会社
　　　　　　　　　　　　　http://www.meijitosho.co.jp
　　　　　　　　　　　（企画）及川　誠（校正）安田皓哉
　　　　　　　　　　　〒114-0023　東京都北区滝野川7-46-1
　　　　　　　　　　　振替00160-5-151318　電話03(5907)6703
　　　　　　　　　　　　　ご注文窓口　電話03(5907)6668

＊検印省略　　　組版所　朝日メディアインターナショナル株式会社
本書の無断コピーは，著作権・出版権にふれます。ご注意ください。

Printed in Japan　　　　　ISBN978-4-18-056444-6
もれなくクーポンがもらえる！読者アンケートはこちらから